遥远的青铜

吴　蒙■著

2013年与诗人田禾于大冶梅山老家

目录

CONTENTS

第二辑　隐匿的历史

第三辑　流放的旅途

第四辑　老去的故乡

第五辑　走失的灵魂

我的张山吴故乡的诗人

——序吴蒙诗集《遥远的青铜》

田　禾

我与吴蒙都出生在一个叫张山吴的村庄，我俩是刚出五服的堂兄弟，但我俩之间的感情比亲兄弟还要亲。吴蒙比我大不到一岁，大一天也是兄，我称他兄长。在很多场合我谈到过，吴蒙是第一位启蒙和引导我走上新诗道路的人。最初我是喜爱旧体诗，后来才爱上新诗并开始新诗写作的。那个时候吴蒙也很爱好文学，也在学着写一点新诗，我俩从小是玩得最要好的伙伴。他看了我写的旧体诗，说我有写诗的天赋，不停地鼓励我写新诗，他说如果能把旧体诗的精髓融入到新诗的写作中，还可以让新诗达到一种更高的境界，他说相信我一定能写好新诗。我听了吴蒙的话，从那以后便开始尝试着写新诗，并一直走到现在。后来，我能有今天，吴蒙是给了我许多帮助的，包括我能从农村走到武汉，都与吴蒙有着密切的关系。这中间还有很多故事，因为我在很多场合演讲时已经讲过，这里就不重复了。我俩的兄弟情谊，已经在我们家乡和朋友中传为佳话。

我是八十年代中期到武汉的，吴蒙后来通过自己的努力，考上了大冶财校，毕业后分配到大冶粮食局工作，工作几年后调到市政府财办，新世纪初调到大冶市审计局工作至今。在许多年里，他一直忙于行政工作，我虽然知道他偶尔写一点诗，却不知道他写了那么多，更没想到的是他写得非常好，而且比许多徒有虚名的诗人写得好多了。我这是相对来说的，也不是说吴蒙的诗歌无可挑剔，无懈可击，但吴蒙的确有很多好诗，富有智慧和灵性，而且很有现代感。

说起来我感到惭愧。多年来，我从未中断过写诗，吴蒙也一直在写，我俩虽然来往也很密切，但他很少拿自己的诗给我看。我俩到一起就谈亲情，谈友情，谈我们的童年，却很少谈诗。有时我偶尔问到他最近写诗了没有，他回答得却很腼腆，说，写不好，不敢写，写得很少。大概在四五年前，我对他说，我们文学院有一个内刊，发小说散文，也发诗，你发一组诗给我吧。几天后，吴蒙发了一组诗到我的电子邮箱。我打开看了，却没能给我留下多少印象，感觉有点一般化。因为我们是内刊，也没有特别高的要求，以培养文学新人为目的。哪怕吴蒙写诗很早，因为没有在公开刊物上发多少作品，还是把他当文学新人。当时我给他提了一些意见，他作了修改后，就在《新作家》上发表了。以后的几年，我们也经常见面，再很少谈及诗歌。说实在的，自他上次寄一组诗给我以后，我就没怎么看好他能把诗写好，我们都是四十多岁的人了，能把工作搞好把家庭经营好就已经很不错了。他每天工作又那么忙，写诗又费精力，再给他增加写诗的压力，怕他累坏身体。我劝他不要为写诗而写诗，只是当个业余爱好，顺其自然，心闲了，想写就写一点，不想写不要勉强去写。

几年过去，吴蒙竟然一下子写出了两百多首诗歌。今年春节期间，他打电话给我，说是想出一本诗集，想我为他联系一家出版社，同时请我为他的诗集写序。因为这几年没看他的诗，以为还是以前那样，可能也不会有多大变化。但出于兄弟之情，也出于鼓励，我一口便都答应了他，我说联系出版社的事就包在我身上了，序我一定写，你就放心吧。那时我想，吴蒙想出一本诗集，我也很高兴，他追求诗歌三十年了，也写了三十年，想出一本诗集，对自己三十年的创作，作一个总结，我认为很好，我完全理解他。

让我没有想到的是，当我收到吴蒙诗集的电子稿后，看完我就惊呆了。吴蒙诗歌几年的变化，真是太大了！是脱胎换骨的变化，是质的飞跃，我简直不敢相信这是吴蒙写的，但这又是事实。那时我激动得有点控制不住自己，如果当时吴蒙在我身边，我一定会跑上去咬他一口，擂他两拳头，吴蒙真是太棒了。我一激动，一兴奋，眼泪都流出来了，连忙拿起电话打给吴蒙，对他说，吴蒙你写得太好了，你的这本诗集，不但是我们黄石市诗歌的一个重要收获，也是湖北诗歌的一个重要收获，湖北又多了一位优秀诗人，我为你骄傲，我为我们的张山吴故乡骄傲。

吴蒙的诗集取名为《遥远的青铜》，我觉得很有道理，他出生在大冶，大冶又是华夏青铜文化的发祥地，是闻名中外的青铜之乡，他的诗歌有很多本身就是写铜都大冶，写青铜文化的，其中有一首诗就叫《遥远的青铜》："月落东方山/心灵的庙宇/荷花盛开的池塘　蛙声跳上汉唐屋顶/踩落几块青灯残破的瓦片。""剑气逆流而上/金声振动沦落的中原/洪水泛滥的干戈声中/首次有了楚人　高过八度的音响。"让我们感觉，青铜之声从远古走来，高过八度的音响，响彻在我们头顶，震撼着我们的灵魂。青铜庄严的品象，洪亮的音质，坚强不屈和百折不挠的品格，既是当下浮躁而功利的社会最为缺乏的，也是诗人三十年孜孜以求的精神皈依，读后令人击节再三，喟叹不已。

吴蒙在诗歌中写他多次到过东湖，这我相信，因为他常来武汉，从大冶到武汉，如果开车从东湖的湖边行走，红灯很少，也不堵车，快多了。吴蒙有好几首写东湖的诗歌，有一首诗，题目就叫《东湖》：

搭乘公交　多次从湖畔经过
413 路班车一早就开到了磨山
这不是我第一次来东湖游玩了

盛大的荷花　只剩下枯败的旗杆
郁悒的桂花私自撤离了绿色的战场
季节劳顿的躯干　盖满梧桐宽厚的落叶

周边的楼群　是世俗高涨的海洋
落魄的情绪随水位不断下降
行吟阁　一只乌龟露出了冬眠的脚趾

年老的磨山　只身坐在湖边垂钓
尖锐的刺钩挂着思想仿生的诱饵
落雁岛　那只鸟已很难找到当年落脚的地方

吴蒙的这首《东湖》，语言干净、凝练，诗的结构既严谨又活泼，意蕴深厚，能让我们读出他诗歌中呼吸般均匀的内在节奏与动人韵律。还有《落花》、《一朵荷花》等，都是写东湖的诗歌，唯美而精粹。我的住处就在东湖旁边，我在这里居住了近三十年，还经常去东湖边散步，却一首写东湖的诗也没有。与吴蒙相比，我真是太愧对东湖了。就像我人在武汉，而心在故乡，却又经常写故乡一样，正好印证了一种美学观，距离产生美，远眺而成庐山。

还有更让我惭愧的，我去过欧洲的德国、法国、意大利、奥地利、瑞士、比利时、荷兰、卢森堡、希腊、西班牙等三十多个国家，美国、印度、以色列、埃及也都去过，回来却极少写诗，感觉写不好，有时写一半就放下了。吴蒙从来没去过欧洲和美国，却写出了一大组有关欧洲和美国的诗歌，我问他是怎么获得写作灵感的，他说是通过读书、看报、看新闻和翻阅资料，就有了写诗的冲动，于是就写了。如《角斗》："凿石为阶　筑土为台/基于罗马的尖叫和耶路撒冷的哭泣/椭圆形华丽的外表/披着中世纪文明的铁衣。"《凯旋》："如果说塞纳河是弓　埃菲尔铁塔是箭/那么巴黎的凯旋门正好是法兰西永远的靶心/历史有时比一张白纸还要陌生/除了林荫大道两旁似曾相识的梧桐以外。"《红场》："瓦西里大教堂的平台上/身着红色教袍的沙皇/正面对不同肤色的人群/发布号令天下的圣谕/身后北冰洋越来越薄的冰原地带/徘徊着一只不断向南张望/令人恐惧的白色饿熊。"《法典》："一天　远征归来的汉谟拉比/为规范后方这块空地上的秩序/以美索不达美亚平原坚硬的芦管为笔/以两条相安无事的河流为画/在广场中央一根黑色玄武石柱上/楔刻着：/如果一个人打碎了另一个人的骨头，他的骨头也将能打碎。”《出口》是写美国纽约的一首诗：“在纽约时代广场用来路不明的钱财/合办了一张报纸　一座影院/临时招聘了一批演员　杀手和骗子/当然还少不了那些无孔不入的记者/无所不能的主编　无病呻吟的作家和诗人/以天使和魔鬼私情共享的手段/让全世界在一个无名的出口/迷失了 100 年　或更久。”这些诗，简约，新奇，沉稳，厚实，叙述自然朴素，视野开阔，视角独特，情感真挚饱满，语言深邃准确，颇具深度和广度。是很考究、很精致、很有韵味的诗歌，诗中空灵的诗意，使人有大彻大悟之感。

我知道吴蒙去过西部的新疆、甘肃、青海、宁夏和西藏，每到一处，他都有感触。西部独特的自然环境孕育了特有的地理风貌，那里特有的人文景观，深厚的文化积淀，丰富的民风民俗文化，还有西部的原始、开阔、野性、苍茫和神奇，给诗人带来了视野的无限冲击和心灵震撼，于是，吴蒙按捺不住地写了一组对西部有着深刻思考的诗歌。我很喜欢其中的《珠穆朗玛》：

头戴白色王冠
身着藏青色大袍
巨大的忧伤如阳光泛滥
冰川燃烧　雪花在冬季开始凋谢

格桑花是夏天河水涕流的脸孔
红色喇嘛随秃鹫飞升
尼玛堆上的五色经幡
飘舞在云霞破碎的长天
山如佛陀枯坐
法轮转动了末日的锈蚀
天堂已不再寒冷
寒冷的地方才能放下天堂
沙漠变成风的床垫
贝壳再次成为山的摇篮
嗡 嘛 呢 叭 咪 吽
幽幽枪口下
一滴藏羚羊的眼泪
足以让格拉丹冬咒语成河

这是一首让人读来有着禅意和明显西部特征的诗歌，诗中如实地反映了西藏人真实的生活状态，向我们展示了西部高原的气质和风貌，美丽而忧伤，读来荡气回肠。诗中的“天堂已不再寒冷/寒冷的地方才能放下天堂。”“一滴藏羚羊的眼泪/足以让格拉丹冬咒语成河”等诗句，写得辽阔而豪迈，雄浑而大气，粗犷而坚硬，蕴含着无限深意，具有西部文化的原生态的质朴。还有《月牙泉》：“鸣沙山上夕照亭/一抹金黄色的颜体夕照。”《希拉穆仁草原》：“铁骑败退王廷　大汗已老/老去的还有希拉穆仁的青草。”《响沙湾》：“腾格里沙漠飞出的一柄尖刀/深深插入河套平原瘦削的腹部。”《嘉峪关》：“看见春风/身披杨柳/口含潮湿温润的鸟语。”等等等等。这些诗歌想象奇特，语言节制、纯粹、典雅、内敛，给人传达着西部一种混沌粗犷的气韵和沉郁浓厚的文化记忆。我想，如果没有丰厚扎实的文化修养和才情，即使去西部的次数再多，也写不出这样情感丰沛的诗歌。

吴蒙的诗歌是多视野、多维度、多角度的，也是多元的。他什么题材都写，什么题材都能写。比如《彷徨》，富于哲理和人生思考：“风说　花开吧/但春天还差一件远嫁的新衣/花说　梦醒吧/但月光还未装上离家的假脚/梦说　鸟回吧/季节还未长齐折损的翎羽/鸟说　去飞吧/从白桐花的枝头一直飞到天上。”以物喻人，揭示生命的深层含义，让人联想，发人深思。《采莲曲》是写情感的，深情、细腻、绮丽：“藕白莲红开满南朝旧梦/儿时的采莲船桨声又起/谁与秋一同去慢慢采摘。”情感细节，信手拈来，可触可感。《清明》是写乡土写乡情的：“山风吹拂着满坡繁茂的花草/山上幼小的树木/在一年一年地长高/山下金色的油菜花/扑打着蜜蜂彩色的翅膀/如潮水般向上涌动。”清明节本来是一个比较沉重伤感的日子，诗人没有直接去抒写如何怀念故去的亲人，表达对亲人的思念之情，而是写大自然的清新与美好，生动与活泼，灵动、明澈。借景抒情，情融于景，告慰人们，死者长已矣，生者常戚戚，这是一种诗歌的境界。《老去的故乡》是写母亲写亲情的："母亲在村庄里渐渐老去/昏花迷茫的眼睛里/一根灵巧地使用了多年的线/怎么也穿不过那枚锈蚀的针眼。"我知道吴蒙对他的母亲非常有感情，可以说，没有他母亲也可能就没有他后来的一切。母亲为了他读书，起早摸黑，忙地里又忙家里，勤勤恳恳，吃了不少苦。吴蒙两次高考落榜，最后，他自己都想放弃，是他母亲坚决不让他放弃，说全家人就是挨饿，就是讨饭，就是砸锅卖铁，也要让他读下去。第三年，吴蒙加倍努力，终于如愿以偿，顺利地考上了大冶财校。这首诗，吴蒙用朴素的笔法，直抒内心最真挚的情感，母亲、村庄、眼睛、线、针眼，这些质朴而简单的意象，在诗人笔下，皆是真切，字字血泪，感人肺腑，催人泪下。

吴蒙的诗歌能取得如此成绩，作为兄弟，我真为他高兴。应该说，吴蒙是与我最亲近的人，我一直在关心这人的诗歌，关心那人的诗歌，却从来没有想到吴蒙，说起来我心生内疚和愧意，觉得很对不起吴蒙，对不起我的兄长。这一点，很可能与当初是他带着我写诗有关，作为兄弟，如果经常对兄长的诗指指点点，觉得对兄长有不尊，让兄长失面子，我自己也会感到很不好意思。还有一点，我以前没有太看好吴蒙的诗歌，当时我又不好说出来。吴蒙这几年是真正下了一番功夫的，他一定读了很多书，作了很多思考，重要的是，他突然有了悟性，是对生活对诗歌的双重悟性。诗人的悟性不是教出来的，不是学来的，有天生的一部分，悟性造就诗人。只不过是，有的人的悟性来得早，有的人的悟性来得晚，吴蒙自然属于后者，吴蒙属于大器晚成的那一种。不管怎样，吴蒙把诗写好了，我除了高兴，就是祝福他，祝愿他诗歌的路越走越好！

2013 年 4 月 18 日于武昌梨园

第一辑

长梦的季节

ZHANGMENGDEJIJIE

贫穷扼不住花朵的歌喉，疾苦锁不住梦想的脚步。《诗》云：“终南何有，有条有梅。”毕其一生，你可以一无所有，但不能没有——最终可能还是一无所有的——初梦。

流浪的红尘

红尘总想夜夜笙歌
春光愧对黄花的温婉
前世的毛发啊
丛生今世的误会
萍水相逢的江南
有过一段古色古香的故事
就像一只富家走失的宠物狗
拖着断桥残雪的身姿
用曾经吐气如兰的小嘴
衔着几段没落的时光
一瘸一拐地
消失在乌衣巷口
黄昏下的小桥流水
还在一声一慢
像秋风中的几句宋词
吹落一地黄花

2003 年 6 月

拥书而眠

在一切被过度虚拟
而无处加盖邮戳的年代
就像无法根治的顽症
或是一截无人能阻断的姻缘
始终保持着手不释卷的习惯
有时看着看着就睡着了
从浮躁的意境中破茧而出
逃失在精神自在的田园
拥书而眠的感觉真好
就像回到花红果绿的故乡
依偎着母亲月亮般温柔的脸庞
像拥着一片云　一滴雨　一声鸟鸣
一部从儿时就开始抽枝发芽的旧梦
梦里梦外　都是大唐如诗如画的星空

2011 年 8 月 5 日

彷　徨

风说　花开吧
但春天还差一件远嫁的新衣
花说　梦醒吧
但月光还未装上离家的假脚
梦说　鸟回吧
但季节还未长齐折损的翎羽
鸟说　去飞吧
从白桐花的枝头一直飞到天上

2005 年

无名无姓的风

十月深秋的郊外
山寒水瘦略带饥饿的清晨
风在林中无忧无虑地吹着
画眉鸟　快快乐乐地叫着

树枝始终保持向下低垂的姿态
树干　高过夏天挂果的高度
背脊有些弯曲的爷爷
把南边的麦地又悄悄打理了一遍

浑圆细软的露珠
在金黄的枫叶上打着盹儿
纷纷扬扬的落叶　从枝头落下时
突然在空中停留了片刻

一头沉默的老牛
驮着沉重的落日
随风走过那片林地

心中长出木质细腻的年轮

2004 年

九华山的雨

梵钟敲落的雨点
被雾岚迷惑的山风
在雪落轮台的诵经声里
洗净我心肝肺腑

穿衣的不一定是人
披着袈裟的就一定是佛
成仁和立佛
都离不开一场苦雨

云从空门遁去
心是禅机茂盛的莲台
让总也点不化的雨
沥沥说个不停

2012 年 10 月

落　花

八月东湖

秋月与黄昏相拥而坐

在磨山目光深邃的林荫道中

满山桂子如潮涌起

一簇簇早已忘却的往事

被带有腥味的晚风无意点燃

以爽朗的特别心情

来一次可遇不可求的意外释放

浓郁中夹杂着野花的芳香

湖风紧一阵慢一阵地吹

桂花深一层浅一层地落

玲珑的身影美丽得令绿叶忏悔

年青时写下的一些文字

如秋夜的瓣瓣落寞

密密匝匝地

掉在岁月初黄的草地上

2008 年 9 月

天　籁

过久的避让　隐性的
忧伤沾满了淡淡的疲劳
行将干涸的盆景中
黯然一双无心出岫的云彩

站在危楼上看风景
新曲一样流行的时间与行人
一缕思想腐朽的气息
覆盖了一场悄然而逝的伤感

夜莺失去了动听的歌喉
鹦鹉偷学了他人虚伪的言语
半生暗喻式的沉默
只能点亮两座孤独的楼台

空置虚无的两极
缺少一根连接的地线
只有梦中的鼾声

是唯一真实的共同语言

风过无痕的水面
雪落荒原的月光
像猫的一声叹息
让一只倭狐感动不已

2012 年 7 月

一朵荷花

在残荷雨后息舞的池中
秋水踏着秋风的节拍
涌起一片涟漪
在黯然回家的路上
意外地遇到了末夏的
最后一朵荷花
纠结的荷花
叫我问你
多蕊的花朵
如何只为一滴露珠绽放

2004 年 7 月

传世之诗

我也想写首好诗
或藏之深山　或传诸后世
把自己整天关在
如藤蔓般爬满的楼阁中
求遍诸位大师和种种物或非物
时而向上虚蹈　时而向下沉沦
虽殚精竭虑而终无所获
挨到西窗夕阳像弗罗斯特一样
沿着新英格兰牛羊起伏的山坡悄然滑下
耗到巴黎拱门中的月亮
拉长了波德莱尔忧郁的脸
我彻底迷惘了
伏在仿古几案上打了个盹
醒来已是五百年后
周遭如月球般美丽而苍凉
怪哉　突然发现一些后后现代的好事者
正对我发表在案头上的口水

指指点点

2007 年 1 月

正月初五那天

大年正月初五那天　我看见
黑牛镇街头的一角
一个衣衫褴褛的擦鞋少年
也许是未来耐克的老板
正在擦着别人锃亮的前程
一个眇目的歌女
并非街头的行为艺术者
含泪为路人唱着酸甜明亮的歌
一位瘸腿的老乞丐
空荡荡的破碗中
盛满金子般虚假的月光
是啊　阳光不可能一次照临每个角落
祈愿来年的阳光
一定要照耀在他们身上
使他们至少能
过上一段短暂而温暖的时光

2007 年 6 月

或 许

冬末的春雷
穿越寂寞经年的旷野
锈蚀的犁铧翻不动荒芜的山田
霜满半身的谷茬
追忆半生清瘦的年华
枯萎蝉蜕的生活
一时搁浅在心似繁花的枝头

偶然一声燕语
细雨斜风的身姿
唤醒了农人冬眠的目光
沿着你飞翔的方向
披衣荷锄而出
未知的来年
或许有个意外的收成

2012 年 10 月

补　丁

昨天她从异地打来电话
说又上街买了一件漂亮的衣裙
轻快如风的话语
迷漫着春雨如烟的气息
四月
花期未了的梨树
早早地挂上了几星酸涩的青果
在暮春隔海相望的城市
未通车的城铁上
爬着一只锈蚀的蜗牛
像我心灵深处
一块闲来翻看的补丁

2000 年 8 月

古铜钱的孔

我的居所原本四周开阔
虽不面朝大海　春暖花开
却也能八面来风
夏听蝉鸣　春闻蛙声
不到三年　附近的楼盘风起云涌
打破了难得的安宁与寂静
有人说我的居所
是浮躁中的一口水井
是一枚古铜钱的孔
我只能闹心地爬在钱孔的边缘
出入　呼吸　或打盹

2011 年 2 月

鸟　巢

故国的晨昏如鸟逃离
社稷曾经满树哀鸿
天坛无语　用民心筑巢
横竖都是白骨嶙峋的伤痛

承天而降的摇篮
翅膀张开了希望的巨乳
来自八荒的众鸟同唱
凤还巢　凤还巢

2008 年于北京

新央视大楼

有人说是鸟腿　是龙足
也有人说是巨人的大裤衩
在北京古铜色的天空下
长城面色铁青的注目中
两位高价请来的西洋画师
在一幅中国古山水的留白处
国人都不敢题跋的地方
略带戏谑地抹了几笔
现出一股极度的扭曲和张狂

从 CCTV234 米的高裆下钻过去
突然想起汉代一则励志故事
并没有一种被背叛后的快感
只是可惜在历史残存的孤本中
又出现了一个不该有的错别字

2008 年

冷暖如斯

阴冷漫长的冬天
一切向内低沉收缩
花朵潜回泥土
候鸟飞回季节
良心逃回坚硬的内核
阳光退回只属于黑暗的角落
而我读着柳司马千里流放的诗
“千山鸟飞绝，万径人踪灭
孤舟蓑笠翁，独钓寒江雪。”
在人情易冷的世界
只有诗中这件古董般的蓑衣
能披给我些许温暖

2012 年 3 月

西塞山

无人相守的堤岸
西塞阻滞的流水
萤火与飞蛾相会的江畔
只叫一瓣月色跟随

猫鼠衔来的星光
掩饰了杨柳新换的裙裾
荻花侧身无语
秀发般清香的月色
湖水轻盈的呼吸
陪同蛙鼓　一起一伏

天上　水下　波澜的心中
俱是光彩照人的脸孔
少年的月太淡
青年的月太浓
海观山上朝云暮雨的月
用银盘盛着江流无栅的酸果

季节守口如瓶的故事

只是几句孤单冷寞的色彩

顺流赊借一船江月

紧随一条无法上岸的水蛇

绕过徘徊观望的四顾山

只身抵达　早已荒废的苇源口

2005 年 10 月 22 日

七 日

空山
孤雁
流浪的白云
寂寞如花的影

旷野
荒藤
破败的楼阁
无枝可栖的鸟

这些
都是我
透过医院的窗玻璃
看到的

七日后
病室中
阳光从窗缝里

悄然而入

2004 年

九星瓢虫

那只虫　豌豆大一点
身着红黄黑三色相间
九星护佑的盛装
沿着树干和阳光指示的方向
拱破低下轻贱的泥土
躲过蜘蛛、蜥蜴用妒忌罗织的陷阱
艰难抵达生命的树顶
羽化成云彩和飞鸟一样高蹈的遁行者
乘长风而飞扬
最后与盛大的季节一同飘落
悄无声息地归隐于
一抔泥土和一片金黄的落叶中

2012 年 6 月 6 日

白色精灵

现在回想起 20 年前
那场未及展开叙述的故事
被误会扼杀了的动人细节
不知怎么说没就没了
有如儿时偷食香烟
还没有尝到它的神秘滋味
就被大人突然发现
只得赶紧捂藏在贴身口袋中
烧出一个终生难忘的窟窿
如今我被一切放下
唯有那缕烟雾
一身洁白淡雅的精灵
如影随行　伴我一生

2004 年

在你眼中飞翔

在你眼中飞翔
桃柳是村姑随意切换的新妆
风为湖水　误入歧途的彩色翅膀

在你眼中飞翔
春莺学语似初簧
解冻的生活　因嫩绿的歌喉而嘹亮

在你眼中飞翔
心愿曾在云雾中彷徨
羽毛似的目光　拭去人世的荒凉

在你眼中飞翔
深秋紫藤在春天的窗口张望
空洞的果实　是季节挂满的粒粒泪光

在你眼中飞翔
飞翔是爬虫无法拥有的奢望

长亭暮雨　花伞撑着青草离离的忧伤

在你眼中飞翔

一只鸟送另一只鸟去流浪

梦中巢穴　悄然收起了倦归的眠床

2007 年 6 月 3 日

天　井

布瓦　青砖　木椽
墨绿的苍苔爬满四季的风雨
老屋发霉的天井旁
一头又老又瘦的母牛
在反刍着生活的艰辛与酸楚

随手翻看的日出月落
被候鸟无聊地啄去啄来
茂盛如季节轮回的生死
轻过天空飘移不定的云彩

阳光下　天井中
燕雀无窠的堂前
竹篙晾晒衣衫破旧的童年
风蚀得像祖父脸庞的石墩上
当年那只顿足而鸣的青蛙
是总想从困厄中蹦出去的我

有多少希望从这里爬出
就有多少愿望从这里原路返回
挂满世俗凡尘的天井
能随时接纳轻装归来的心灵

2005 年

大沽口炮台

抵塘沽的第二天清晨
渤海的阳光从昨夜的沉醉中
很不情愿地慢慢醒来
京津门户确有上邦气象
我恍然想起
应该去看看那座可能还在历史的深水处
隆隆作响的悲壮炮台

滨海大道两旁挂满了国旗
据说某西方元首要来
1816 年英使臣阿美士德在此登陆
因不愿遵守天朝跪拜的礼仪
被大清皇帝降旨逐回
灯红酒绿的天津度假区
正建在过去烽火连天的古战场上
丧失了指引功能的大沽口灯塔
闹市中迷路的盲人
海门大桥耸拉着高大而锈蚀的骨架

海风说来就来　想走就走

穿越无数街口　红灯和枪林弹雨般飞驰的汽车
寻问　打听　乃至用GPS导航
美制的卫星定位系统
都没有找到历史残存于现实的位置
只见海边废弃的古船坞上
苍凉地泊着潮音寺
寂寞了600年的
海水一样苦涩的晚钟

2010年8月5日
于美国宣布将派遣航母“华盛顿”号来黄海军演之际

草上黄尘

来有源头　去无踪影
草尖上飞驰着马一样的灵魂
成吉思汗的弓　阿提拉的鞭
和一束束沾满狼腥的札撒
狠心超度三个年老色衰的文明
一脚踏两洲
众汗囊容四海
窝阔台　察合台　忽必烈
牛羊般繁衍的子孙
放牧水草一样茂密的故事
八百年后　或如绿洲成为沙漠遥远的献祭
或似沙尘骑着无数勇猛的呐喊
从鄂嫩河到伏尔加河
迅猛而来　绝尘而去

2009 年 10 月

遥远的青铜

《山海经》云：山阳为铜，山阴为铁。

翻越无数山峰，我追寻你神秘的身影。

——题记

在南国彼岸
金与木木与火的一次邂逅
岸芷汀兰　莲涨河上
铜花开满了山坡

泮水栖鸿儒
教会牛羊能识字
桃花牵着杏花的手说
先生　请别走

月落东方山
心灵的庙宇　荷花盛开的池塘
蛙声跳上汉唐屋顶
踩落几块青灯残破的瓦片

烈焰中的劲舞者
赤身裸体翻腾跳跃的灵魂
点石成金　化雨为云
用秘诀淬点金湖的汗水

剑气逆流而上
金声振动沦落的中原
洪水泛滥的干戈声中
首次有了楚人　高过八度的音响

山越来越瘦
水比眼缝还要窄
兽面人身的贪婪还在继续掘进
虚肿的欲望　也敢钟鸣鼎食

千年绿得绝世的容颜
披一身锈蚀叮当的外衣
沿着幽深的巷道
渐行渐远……

2011 年

惊　沙

打小对沙漠就有一种向往
总以为唐诗中飞沙走石的塞外大漠
才是男人雄性激越放荡的场所
那孤独苍老的绿洲
是风沙一样飘泊的英雄
暮年栖居的故土

与无数绿色擦肩而过
在一串楼兰古驼铃的引领下
终于来到沙漠跟前
沙暴如门前的长江滚滚而至
轻易越过无数青草　牛羊
和高翔于天空的鹰隼
挥舞着蝗虫般密集的翅膀
疯狂地夺路南下

突然惊醒地意识到
完全没有必要千里迢迢地来找寻他

很有可能　在并不遥远的将来
曾经接天莲叶的江南水乡
他就会上门找到
正在与小伙伴们一起赤身戏水的我

2010 年 8 月

朝天门码头

三面环水一面靠山
本来就是一个天然的历史隐喻
如袍哥般身着不同服色的长江　嘉陵江
众多未入名册的暗水潜流
从不同的方向鱼龙混杂而来
最后达成潮头与流向的相对统一
身后层峦叠嶂的大巴山
在迷茫的云雾中若隐若现
像不轻易露面而又在幕后
翻云覆雨的掌门老大
闷热逼仄的茶楼上
长年上演着轮流坐庄的五袍戏
4 月 10 日一则川中新闻
让巴山夜雨下的朝天门
又上了一锅五味俱全的麻辣烫

2012 年 4 月

第二辑

隐匿的历史

YINNIDELISHI

彳亍在历史隐匿的背后，现实粉饰的外表，诗有时是一只好作寓言的乌鸦，或是一只衔木填海的精卫。守住当下，记住历史，抱住心灵，在生命枝繁叶茂的大树上，永远低翔着一只我行我素、我思我想的啄木鸟。

黑与白

本是一枚铜钱的两面
有一个共同的孔
不同派别的旗帜
插在利益各异的山头
或如农村绰号叫大狗二顺的两个亲兄弟
从小就开始了谁多谁少的争吵
没有符号学上的真实意义
也没有现实意义上的本质区分
只是便于在内战中相互识别
或在妥协中重新排序
红的有可能变黑
黑的经过漂洗也可以变白
一折又一折的斩皇袍
一拨又一拨的红色妄想家
黑色的街头混混　白癜风患者
聚集在形形色色的口号下
自由民主地摇旗呐喊

2012 年 4 月 20 日

说法论纪

法是上天的太阳
纪是偶尔能吞食阳光的月亮

法是始皇的权威之旨
纪是武氏的妒忌之意

法是达摩老祖的禅杖
纪是方丈大人掩饰的袈裟

法是汉谟拉比的法典
纪是达摩克利斯的利剑

法是太史公的铁笔
纪是被乾隆爷篡改的二十四史

法是 JK. 罗琳的魔笔
纪是哈利·波特的飞天扫帚

法是毛公鼎上的铭文
纪是张旭怀素的酒后狂草

法是远古遗存的活化石
纪是任人复制的现代胚胎

法是全能全知的上帝
纪是耶稣的秘密使徒

法是梵蒂冈至高无上的教廷
纪是泄露教皇私人密件的男仆

法是宽厚无边的土地
纪是农人难以轭制的公牛

法是苍天自由自在的云彩
纪是地狱下暗自悔恨的泪滴

法是道貌岸然的高峰
纪是被私利淘空了的地下暗河

法是万物存在的根基

纪是一座偷工减料的楼盘

法是古老宗教的旧约
纪是被人妄加阐释的新书

法是罗丹用现实雕塑的思想者
纪是梵高激情澎湃的十二枝向日葵

法是普世价值的防护网
纪是一枚想随时突破空防的导弹

法是一部进口的硬件
纪是首款具有自主产权的操作系统

法是约定大众利益的合同
纪是少数人分封天下的丹书

法是恢弘盛大的交响乐
纪是与主旋律伴奏的插曲小调

法是理想化的政治意志
纪是货币化的行政权力

法是和谐共生的生猛口号
纪是损公自肥的黑麦面包

法是一杯清心寡欲的茶
纪是一盏醉眼如花的酒

法是广为流传的公益广告
纪是被私心掩盖的真实谎言

法是一只公募上市的股票
纪是一小撮人暗中操盘的黑幕

法是一部设计巧妙的天书
纪是公权私授的密码

法是功成万将的枯骨
纪是栈道明修的暗剑

法是民众深沉的呐喊
纪是歌功粉饰的巧语花言

2012 年 5 月 24 日

篝　火

篝火站立的丛林
偶然点亮一个洞穴的出口
围着被猎杀的同类而狂欢
赤身裸体的月光
散发出兽性被烤熟的香味
不同类型的鲜血
还没有学会哭泣和叹息
木石削磨的智慧
闪射出伤筋断骨的光芒
迷雾重重和火光明灭之中
露西降生的峡谷
分娩的曙光　如经血初现

2012 年 7 月

晨　练

早晨六点　天朗气清
阳光还在被人追赶的路上
铜都广场的世纪钟准时敲了六响
鲜花开始解放
鸟雀和歌声自由飞翔
流动的空气可与任何清新的政治媲美
人们可以选择统一的姿势
也可独创一套属于自己的步法
既可自由地加入
也可无序随意地退出
几番刀光剑影
拳来脚往之后
鸽群　如满地叫咕咕的阳光

2012 年 7 月

夜　舞

晚餐后休闲的盛宴
有反刍习的幸福宠物
一曲曲花枝招展的佳肴陆续登场
东区的健美操
西区的拉丁舞
南区的太极阵
北区的剑气如虎
曲终人不散
星光不似萤虫闪烁
笑脸更比月色朦胧
呼吸声　低语声　心与心的踢踏声
余音袅袅的湖面
蛙声如潮涌起

2012 年 7 月

运 动

风云 突变 舆论 横流
一场突如其来的反时针运动
裸露出广场巨大庞杂的腹部
揭开了潘多拉诱人的魔盒
和埃庇米修斯悔恨的泪滴
无数有理无理的诉求
华灯下或明或暗的图谋
如亢奋的激情过度宣泄
年少的孕妇难产般放声嘶喊
人与非人的对峙
鲜花与鲜血的对语
都没有一辆坦克或一枚枪弹来得迅捷
宣布运动结束 各人回家
从此 有许多东西再也没有回去

2012 年 7 月

法　典

以正义之神沙马什的名义告谕你们

——古巴比伦王汉谟拉比

周遭是城墙一样围成的屋宇
宫殿　神庙　民房　马厩和羊圈
也许还有当铺和妓院
中间环抱着一个巨大的广场
广场上第一个可考的故事在这里正式发生
一天　远征归来的汉谟拉比
为规范后方这块空地上的秩序
以美索不达美亚平原坚硬的芦管为笔
以两条相安无事的河流为画
在广场中央一根黑色玄武石柱上
楔刻着：
“如果一个人打碎了另一个人的骨头，他的骨头也将被打碎”

2012 年 7 月

角　斗

凿石为阶　筑土为台
基于罗马的尖叫和耶路撒冷的哭泣
椭圆形华丽的外表
披着中世纪文明的铁衣
沾满血迹的橄榄写着维吉尔的牧歌
奴隶和猛兽是零报酬的演员
皇帝和贵族是病态的导演和编剧
富人和公民是最广泛最麻木的看客
动作　惊险　悬疑　诸多黑色的元素
提高帝国的血性票房
2500 多年后世界各地
一部又一部好莱坞大片还在巡回上演

2012 年 7 月

凯　旋

如果说塞纳河是弓　埃菲尔铁塔是箭
那么巴黎的凯旋门正好是法兰西永远的靶心
历史有时比一张白纸还要陌生
除了林荫大道两旁似曾相识的梧桐以外
时尚之都极尽奢华的外表
但有圣母般深深的忧郁
嵌在戴高乐广场星形的脸庞上
既非凯旋的英雄
更非不可一世的征服者
只以一个东方过客的身份从门中轻松穿过
悄悄完成一个人的盛大阅兵
从香榭丽舍大街向西望去
帝国的黄昏驮着沉重而受伤的落日
正好掉在凯旋门的拱型门洞中
像波拿巴一段流放的晚恋

2012 年 7 月

红　场

色彩比宗教正统
比领土还要饕餮的国度
蓝眼般深邃的长空
碧绿广袤的森林
冰原般白雪皑皑的面孔
拼成一幅巨大无比的三色旗帜
缠绕在欧亚大陆宽广的额头
鲜明的旗帜下有座巨大的广场
黑色的地面　红色的围墙　白色的墙唇
绿色的塔尖　红黄绿相间的洋葱式穹顶
瓦西里大教堂的平台上
身着红色教袍的沙皇
正面对不同肤色的人群
发布号令天下的圣谕
身后北冰洋越来越薄的冰原地带
徘徊着一只不断向南张望
令人恐惧的白色饿熊

2012 年 7 月

出　口

几条大街隐密交汇的三角地带
曼哈顿最放荡无羁的脐心
一群主要来自欧洲的
流放者　冒险家　失败的政客　破产的商人
密谋实施了一次成功的抢劫之后
在纽约时代广场用来路不明的钱财
合办了一张报纸　一座影院
临时招聘了一批演员　杀手和骗子
当然还少不了那些无孔不入的记者
无所不能的主编　无病呻吟的作家和诗人
以天使和魔鬼私情共享的手段
让全世界在一个无名的出口
迷失了 100 年　或更久

2012 年 7 月

网　络

层层叠叠的巢
虚拟无边　无远弗届的穴
中央是用蛛丝蚁线织成的
云雾一样空荡浩渺的巨大广场
一切在虚无中膨胀
又在虚妄中无声无息地坍塌
万物都已流离失所
众生还在苦渡迷航
爬行的蛇类长着如鸟飞行的翅膀
欲望在情感的戈壁纵马狂奔
规则被海水般的流量冲击得荡然无存
上帝和权威是任人随意删改的软件
一只魔法无边的小鼠
主宰幸存的一切

一个画外音提示
由于受到不明生物的攻击
系统将在一分钟后自动关闭

请谨防穿着花衣的病毒

深度潜伏的木马　以及

一位来自白矮星正发着高烧的黑客

2012 年 7 月

海　洋

艰难爬上陆地的生物
又浪子般爬回儿时晃动的摇篮
抱着沧海愧对桑田的遗憾
戴着逼真如森林的假发
长着污水涕流的脸孔
找到了一张巨大的餐桌
或狂欢的最后广场
背景是幅山河破碎的油画——
不知从何而来
哪知向何处去

2012 年 7 月

变 脸

流浪变幻的脸谱

一场国粹中最生动诡秘的色素

出巴中　过三峡　千里流落金陵

江湖如老茶般醇厚

关山也只是一碟佐酒的泡菜

千变万化的绝技

给千奇百怪的社会

不断披上虚伪的盛装

黎民　黔首　袍哥　军阀以至于

一代又一代的宗派帮会之争

在秘而不传的把戏中

不断粉墨登场

经过扯脸　吹粉　开眼　和

掩人耳目的虚假程序之后

2012 年 4 月 13 日

北回归线

倾斜的天空 瀚海关山的跋涉
才抵达生命的最佳纬度
一切还未来得及开出灿烂的花朵
你说 你就要回归
身后是长年被冰层覆盖的海洋
以及森林 草原和雪鹗鸟一样无法迁徙的愿望
衣衫单薄的苔原还在原地伫立
长着用思念取暖的羽毛
等你再次归来
他只是一枚
因你而发光的石子

2005 年 8 月

采莲曲

那年　在池塘边
徘徊的黄昏牵着月亮的手
蜻蜓刚刚学会春天的追逐
年少的蛙声月影朦胧

那年　在湖舟上
亭亭的扶蕖绿袖幽香
露珠挪动圆润的身姿
鱼儿纷纷跃出粼粼的水面

如今　在心田里
藕白莲红开满南朝旧梦
儿时的莲船桨声又起
谁与秋一同去慢慢采摘

2006 年 7 月

疼痛之羽

围观的风雨
遮蔽冰封多年的洞穴
阳光逡巡洞外
洞中伏着一只千年的盲鱼

岁月的蜘蛛
是被时间遗忘的使者
层层撒下纠结同情的网
跳动昔日难以忘怀的脉络

痛是人生的左手
再好的良医
只能缝合伤口
却无法缝合生命的疼痛

一只落单的鸟
身着被春天遗弃的衣衫
一根温柔的羽毛

落在去年的伤口上

2006 年 7 月

山　人

少年的山　星星住在山上
我和妈妈住在山下
那大山之外　还有些什么

中年的山　疲惫而卧的父亲
山上的祖先趁着月色
光顾我家长年无柴无米的灶房

老年的山　放下一切生活的重
山中花朵和林间的飞鸟
都是孝顺的好儿孙

2005 年

梁子湖

夜幕牵扯裙裾的一角
夕阳惊叹你顾盼生辉的明眸
流失已久的故事
像一束柔软的湖风
驾叶随波逐流的小船
荡漾在内心坚硬的
芦苇上

惊风泣雨的一跳
忠贞的波涛翻过传统的堤岸
红心莲　湖面上凄美动人的独舞
——而今　在虫鱼绝迹
凶鳄横行的沙洲上
一枚遗失的莲子
埋藏于内心的绝唱

2004 年 9 月

画梦人生

生活在经常做梦的梦中
像水面上游移不定的浮萍
无色无味的目光
开着梦中无尘无根的花朵

总也扯不抻的河流
水在动　鱼和月光也跟着一起晃动
只有枕在人肩上的岸
靠在岸边的梦　一动不动

直到晨光张开鸟的翅膀
鸡的啼唱　昨夜梦见的一切
像什么也没有发生一样
像一颗半梦半醒的露珠

又像一艘笙箫散尽
玉人无踪的仿古画舫
单身搁浅在梦乡

硕大无朋的多彩叶面上

2012 年 7 月 16 日

都市古榕

一张人类自肿的脸
文明过后留下的热闹残留
真实中虚拟着司空见惯的一切
交换的法则　像史前蕨类一样繁茂
情感　半折推售的网购品
稀薄如远古孑遗的空气
拥挤的楼群　一座座金碧辉煌的骗局
人性——一拨拨紧急逃散

路旁　一株来自深山的古榕
都市的乞者　形而上的另类
飘移的气根　细数寂寞的落叶
一片　二片　三片……
像断翅的鸟　背着灵魂的空壳
逃遁得无影无踪

2005 年

巴伐利亚*

阴谋的摇篮　成就梦想的厚土
阿尔卑斯的白雪覆盖了茂密的黑森林
新的竞赛在一场旧的记忆中展开
主背景是七十年前一次秘密聚会

一场裁判和公理双双缺席的竞赛
枪炮是强权大声发布的宣言
一次无耻的暗中妥协
在全世界挑起了 1938 年的战争

从闪电战到 442 型阵法
相同的手握着不同的兵器
战争与利益没有一方是赢家
无论胜负最终都只是隔界一笑

历史再次回到主赛场
那只多次射偏的球　迷惘的良知
在一群天真烂漫的球童的引领下

回归原处 等待球王贝利的一声令下

巴伐利亚 开球

2006 年

* 2006 年足球世界杯，在德国巴伐利亚州慕尼黑市举行。

五祖寺

那座堆满月光的庙宇
明镜中或是或非的楼台
其实就近在我的邻县黄梅
一生浪荡无羁的长江
突然在这里悲悯地弯下腰
岁月的阳光　澄静如法师仁慈的脸庞
穿越世俗横流的城镇
候鸟开始新的迁徙　梅雨借道岭南逃走了
菊花黄黄的　一脸顿悟不透的模样
金钟倒挂的桂子
恰似一段非物质的黄梅戏
暗香中散发着流落尘世的忧伤
深秋的寒流由北向南
正酝酿一场来自季节内部的叛乱
法象庄严的台阶下
两位乞丐为一枚硬币而争吵
激烈如 1425 年五祖的衣钵
有尘无尘的偈语

只有惠能与神秀知道

2010 年 11 月

现场会

相互反动的现场
猫鼠对弈的程序游戏
阵阵掌声惊不动隐形的尘埃
利害的灯光　忽明忽暗

溺爱的母亲抛弃带血的胞衣
舐舔逆子腐败的伤口
缺少灵魂和道德
应有的疼痛

红嘴山鸦的论坛
精美缺喙的经典案例
插满言词漂亮的羽毛
桌子与椅子在暗中背叛
台上桃符木剑
台下鼠迹重重

私利是昨夜沉醉的美酒

满街行人暗藏着
雾灯一样迷离的冲动
举世瞩目中
找不到一双干净的眼

圆滑的仿古茶具
一副高度洁净的面孔
威信在水气中袅袅升腾
一杯中式清茶
一枚被良知搓揉过的绿叶
越过道德被淹没的底线
深埋在春天清新淡雅的气息里

2011 年

心　跳

一生身无长物
空有一世生命
几十亿次的心跳
这是我唯一拥有的宝贵财富
刚好为斯世同怀的几十亿人类
无论善恶　贵贱和忠奸
还不包括无数
也应一并怜悯的其它物种
如阿猫　阿狗之类
每人跳动一次
也只能一次
然后我就走
轰然如远去的列车
哪怕还有几十亿个遗憾

2010 年 5 月 9 日

一缕炊烟

孤独是段坚如铁石的城墙
从压逼的缝隙打听家乡的呼唤
也曾青枝绿叶的年华
风干成高楼上破败的旗帜

饥饿贫血的土壤
疯长年轻时的叛逆与张狂
庄稼般的父母和父母般的庄稼
随二十四个节气越走越远

雀口余生的野果
遭遇城市水泥般坚硬的拒绝
寄生在无依无靠的树上
飘着孤寂了三十年的落叶

乡村的种子永远长不成都市的风景
别人的屋檐不是供我歇脚的地方
我只是无意间飘出山坳

游走于城市上空的一缕炊烟

2005 年

阳光的夜晚

经历多年的失望后
早已习惯没有光明的夜晚
深沉的枯井如花
连萤虫的身影也不屑一顾

夜晚哪有阳光
就像无心而祈求有意
从昨夜醒来又在今夜睡去
东方睁着一只不冷不热的白眼

不期而遇的阳光
深夜一丝犹豫不决的笑容
给叶落初霜的十月
抹上几分温柔浅薄的色彩

2006 年

第三辑

流放的旅途

LIUFANGDELUTU

借一件寂寞破旧的外衣，带着生活的樊笼上路，满目是恻隐的风光和疮痍的万物。抱着悲悯的情怀，独守心中的净土，行走在自我囚放的旅途中，只留下一些残花败叶式的词句，单纯，冷调，孤独，略带一丝忧伤。

希拉穆仁草原

阴山以北　追踪一段苍茫的民谣
飞身越过历史高昂的马背
希拉穆仁　白天鹅在跳优雅的圆舞

舞步戛止　狼烟散尽
铁骑败退王廷　大汗已老
老去的还有希拉穆仁的青草

青草越来越稀
江格尔王散落民间的故事
狼羔子的蹄印和旱獭子瘦瘦的尾巴

牛羊成群的游客
肤发比草色还要油亮
牵着欲望的缰绳　放牧青春和梦想

2011年9月

响沙湾

腾格里沙漠飞出的一柄尖刀
深深插入河套平原瘦削的腹部
九曲黄河疼痛得有点颤抖
枸杞血红　玉米披着金黄的外衣
蜥蜴在沙丘上写满昨夜潜逃的日记
月光　举办了一场冷色调的弥撒
试图安慰不断叫喊的灵魂
沙子在笑　在跳
水和生命在暗暗地哭

2011 年 9 月

喀纳斯

喀纳斯
是养金育玉　色彩放牧的天堂
山如画　树如花
花如漫山飞舞的蝴蝶
对比荒凉干旱的大西北
美丽得有点妖艳
灿烂得像穷人一样多了些奢侈
从阿尔泰蜿蜒而下
悄悄穿越古尔班通古特沙漠
乌鲁木齐千里之外的大巴札里
众多面似高山深谷
肤如湖水的阿依古丽
是她装帧在尘世的剪影

2011 年 9 月

青海湖

瞧　大海的离群索居者
青藏高原遗世独立的明珠
纯静得容不下一粒人世的尘埃
和几只斑头雁　鸬鹚的低声轻叹
春天正午的青海湖
是牧民随身携带的巨大高足酒杯
盛满油菜花　青稞　马奶子的味道
更像一位孤傲的藏族少女
端坐在金银滩牛羊环绕的毡房里
既圣洁得纤尘不染
又世俗得炊烟袅袅
心似雪莲盛开

2011 年 9 月

嘉裕关

西出三十六国
像一位无功而返的使臣
孤独的灵魂
拖着精神疲惫的翅膀
我从异域逃回
遥远的季节如梦初醒
看见春风
身披杨柳
口含潮湿温润的鸟语
从关内款款走来
用嫩绿的瞳孔
青葱般干净的手指
轻叩那扇紧锁千年的关门

2011 年 9 月

三省台

在神农架的三省台
登台可揽鄂秦渝三省风物
四面群山如牛羊般驯服
万类草木如黎民一样繁盛
湖北的鸟偷食了重庆的菜
重庆的黑狗爱上了陕西的花猫
而陕西的冷娃子却苦恋着川东的辣妹
遥想当年神农氏尝百草后小憩于此
由然怜生民如草木之心
并每日三省出　先天下之苦而苦
的大德　令人尊敬
如今我坐在三省台的一个小酒馆里
仅仅为了个人的健康
把一盘美味野菜吃了个精光

2010 年 6 月 5 日

印　记

比死亡还要寂静的天幕
开始向上慢慢拉开
那时日月和悲悯的神
还不会像人一样呼吸
比时光更为年长的远祖
在一个没有域名的海湾
缓缓爬过生命最初的泥潭
由温润的海洋就此闯入了旷野洪荒
从伏地爬行　择木而栖
到幻想的鸟与飞天同舞
从觅食争财　斗角勾心
再退化到禽兽般手足相残
最终风入黄沙　水入海
唯有恐龙　在马达加斯加海边
偷偷留下了一行学步邯郸的印记
和几枚比神祇还要坚硬的蛋壳

2005 年

高原歌女

身形是山
面孔如月
热情似火
温情似雪

彩袖飘飘
英姿娇娇
音成珠玉
如诉如泣

藏绣成堆
我佛慈悲
伏地长拜
终生不歇

长鞭轻挥
骏马如飞
歌衍民族

万年不灭

2002 年 3 月 8 日

珠穆朗玛

头戴白色王冠
身着藏青色大袍
巨大的忧伤如阳光泛滥
冰川燃烧　雪花在冬季开始凋谢
格桑花是夏天河水涕流的脸孔
红色喇嘛随秃鹫飞升
尼玛堆上的五色经幡
飘舞在云霞破碎的长天
山如佛陀枯坐
法轮转动了末日的锈蚀
天堂已不再寒冷
寒冷的地方才能放下天堂
沙漠变成风的床垫
贝壳再次成为山的摇篮
嗡　嘛　呢　叭　咪　吽
幽幽枪口下
一滴藏羚羊的眼泪

足以让格拉丹冬咒语成河

2010 年 2 月

火山之上

地球的元音　重金属的奏鸣曲
生死轮回　是炫丽夺目的
花朵

激情燃烧的焰火　万类狂放的乐园
人神俱灭　奏出戛然而断的
音符

刀尖上的摇滚　搂着火舌的探戈
天地玄黄　是一曲孤独千年的
圆舞

星辰错乱的妄语　天荒地老的姻缘
日月重光　进入孤芳独赏的
高潮

2009 年 7 月

老去的故乡

并不是离故乡越来越远
而是故乡如断线的恋人正隐身而去
留下一段山岚如雾
杂乱无序的白色建筑
在荒草沦陷的田园中是那样触目
绝迹多年的癞头病又犯了
年事已高的虫鸣
独守着亲情残缺的空巢
童年学唱的歌谣
忘却在蛙声流浪的上游
儿时那头迎风流泪的老黄牛
那只风湿瘫腿的黄狗
听说也挪到镇上去了
母亲在村庄里渐渐老去
昏花迷茫的眼睛里
一根灵巧地使用了多年的线
怎么也穿不过那枚锈蚀的针眼

2012 年 5 月 3 日

春　雷

生命爬上陆地的初始叹息
婴儿降世的原声　先声夺人的剧首
汇成母亲痛苦而幸福的第一声叫喊

冬日的咒语　百花齐放的宣言
用柔软如风的身姿驱赶苍凉的星辰
在林寒涧肃的腹部　涨起山丰水秀的心灵

万物的母语　春鸟潮湿的心声
雷霆点击的蛙声　雨　种子的裂变
是众神珠圆玉润的合唱

天庭的使者　泽被苍生的圣谕
乘舆御风而至　在天地之间庄严宣告
伟大与渺小一同登场

2005 年 4 月

水立方

亿万浓缩的心
青蓝色凝聚的汗水
终于堆成晶莹剔透的梦想
温润了一座古老的城池
以及皇城根下快要见底的金水河

天一生水　水生万方
在沙漠大肆泛滥的边缘
人面日渐消瘦的绿洲
膨胀的城市急需一杯清凉
成立方的姿势　也许能更长久

都曾在水的内部
注定终生要为水而伤
只是上岸得太久
不知道什么时候
能够重新向内返回

2008 年

月牙泉

鸣沙山上夕照亭
一抹金黄色的颜体夕照
落日锋利的肥臀
饱含牛羊的油脂和青草的水分
平沙静美　落鹰降半旗低回
驼铃踩不住大漠
像风一样飞翔的翅膀
胡杨风干了时光的枯骨
绿柳笑红颜老去
边关一弯带露的新月
睁着一只美人垂暮的凤眼
勾勾地望成
欲干还泪的月牙泉

2011 年 9 月

吐鲁番火车站

在吐鲁番瓜果甜蜜的驿站

遭遇众多进疆摘棉花的南方农民

一看就知道大部分是

第一次出远门的年轻女性

如同多年前辍学后外出深圳打工

至今还在异乡飘泊的姐妹

南腔北调的语言

单薄而杂乱的衣衫

横七竖八地躺在候车室　站台　甚至大街上

她们急于回家

她们辛苦地捡完了棉花　赚了些钱

背着大包小包

赶紧返回南方鸡鸣狗叫的村庄

2011 年 9 月

天山雪

九月登上天山
博格达主峰上的残雪
就像维族老人的白色棉布小帽
云是苍老的皱纹
山干旱得一脸铁青
天池浅得盖不住王母娘娘的玉足
一根烤老了的羊肉串还架在火焰山上
葡萄沟的葡萄越来越少了
坎儿井中泉水叮咚的歌谣
也被季节慢慢风干
在乌鲁木齐炎热的大街上
一些面如瓜果的维吾尔小孩
在无忧无虑地吮吸童年的
最后一支雪糕

2011 年 9 月

交河故城遗址

谁会相信这曾是水草同居的地方
在一条流着葡萄美酒
一条淌着牛奶和炊烟的河流交汇处
古车师人好客的牛羊不知接待过多少
像我这样心怀各异的旅人
他们以草为邻　逐水而居
在狼群环峙之间
唱着风吹草低见牛羊的牧歌
最终逝如塞外露珠
只留下世上最大最古老的生土建筑群
绝望到至美的废墟
无法回归故国的无花果
一排排门牙落尽的洞穴
张着空荡干涸的嘴
像无数触目惊心的问号

2011 年 9 月

塔尔寺

湟水开莲花
贴在高原的天庭上
我抵达塔尔寺时
正遇上秋天的第一场雨
天空是座烟雾迷茫的高海拔神殿
阳光被特制的唐卡收藏
用酥油花　壁画　堆绣写成的
黄教故事在电灯和油灯中忽明忽暗
经幡重重比秋风秋雨还要缜密
千年的菩提树还在继续接受洗礼
新印的戒律堆满了宗喀巴发霉的僧舍
密密麻麻而又信仰怪异的游人
像经书中爬进爬出的虫子
我从浮躁喧嚣的南方而来
面对神秘而金黄的光芒
迷惘了一整夏的内心
被这场雨洗亮

2011 年 9 月

龙门一品

作客洛阳时
正值晚秋的一个下午
伏牛山静卧于秦岭之末
牡丹来过又走了
伊水还在为伊而流
白马寺的钟声似乎比平时要晚
香山杨柳恪守着隋唐的句式
洛浦秋风 荡漾着汉乐府一样的风格
在伊阙古旧发黄的落日下
远眺石窟林林的龙门山
像一尊玲珑的骷髅 秀骨冰心的玉雕
或是以空空为题的奇石盆景
又似一座金光四射的巨大蜂巢
端坐中央的不是蜂王蜂后
而是一尊尊长着翅膀
如野山菊一样盛开喜怒哀乐的佛
满目纹身的石刻题记
岩缝中自由散漫的青草和沙棘

是古人留给后人原生态的蜜

却被一只松鼠偷食了多年

2009 年

江山无病

山河一齐暴动
吐着藏刀带电的毒舌
与烈焰共舞　虚妄压抑的燃烧
滚滚洪流推动劫后余生
周而复始

地苔面带菜色
草民如鸟兽仓惶逃散
惊慌失措的石浪
像死亡封存的海洋
随时会被一声鸟的哭声惊醒

江山安能无病
神奇是大地憔悴的侧影
为人称颂的伟大喷发
其实是天地在难以承重之中
打了一个疲惫的呵欠

改于 2012 年 4 月 23 日

路边鸟巢

落日浑圆　绿叶如情绪弥漫
斜阳下几行浅浅的白鹭
满树枯枝以传统的笔法
写意成后现代的高速风景
热闹非凡的路旁
一枚卵如老僧入定
心随车去车回
落叶是夏秋风雨飘零的对话
而汽车插上了飞鸟的翅膀
羽毛抖动百码的节奏
夺路狂奔的欲望
每天都在重复上演
迈克尔·杰克逊的黑色摇滚

2011 年 5 月 24 日

柳芽儿

突然　甩掉冬的铁甲
先是一颗　二颗　三颗
后如密集的山花　雨点　虫鸣
啸聚一支红花绿叶的队伍
点燃五颜六色的炮火
大举攻破　季节冰封已久的防线
用一身处子的肌肤
几粒嫩绿的乳牙
樱桃般微笑的小嘴
拱得冬天喊痛
啃得春天发慌
咬得夏天心痒

2011 年 3 月 12 日

恩施大峡谷

一

大地一张泼绿染翠的长唇
苗侗土白一样杂花生树的民族
袖子一甩　河流一样歌舞起来
阿妹唱　阿哥和
天上激情纷飞的云彩
是阿花心慌意乱的头饰
马桑树上　挂灯笼
野山猫一声长长的喵呜
暴涨了八百里清江河

二

群山　魔幻张开的翅膀
闪着千变万化的脸孔
时而昂扬向上　直插云霄
如空山新雨后云霞飞动的锦鸡

时而俯首低徊　古吊脚楼的火塘中
焖了三天三夜半生半熟的土豆
甚至一落千丈　直冲谷底
在鹧鸪的惊叫声里
把巴人穷巴巴的日子
像一只土家老碗那样
砸得粉碎

三

独守末代江山
一位峰峦氤氲的大侠
名满隋唐的传说
是江湖无知的过客
无缘见识波涛汹涌的龙桥暗河
刚毅的悬崖　刀劈斧削的脸庞
暗示逶迤而去的故事
仍如奇峰一炷香一样高大耸立
而今　剑胆雄心随夷水老去
偶尔温一壶苞谷老酒
就半盏杏雨春花
醉了残山剩水

四

背着天地的落寞而来
心石风蚀得比岩石还要苍老
随风流浪的生活
峡谷流云似的情感
像高高悬挂在龙山绝壁上
一截摇摇晃晃的古栈道
白云慵散地起伏
千峰比万木还要杂乱
平淡无风的日子
就像一尊尊平面光滑
而带有磁性的石头
拥着岁岁枯荣的山花
在日月潺潺的注目中
丛丛老去

2012 年 6 月 15 日

峨眉清音

年少不上峨眉
满目如山的心事
如黑白难驯的山中激流
追问于牛心石前
虽撞得粉身碎骨
仍声如洪钟

超然世外的双桥
端着飞鸟高高在上的翅膀
你争我夺的冲动
至此寂静如梵
美丽动人的蛱蝶
童年云雾缭绕的梦想
黄成两片落叶

用峨眉的半轮秋月
涤洗重比蝉翼的风尘
音清如流水

水静如凡心

一只顾影自怜的猴子

失足掉入溪中

改于 2012 年 10 月

江峡行

迷失于乡间曲折小径
隐隐群山如父亲孤单的背影
两岸苍老的猿鸣
是母亲在故乡唤归的声音

古道寂寞独行
隔岸是用余光相互安慰的灯火
水落石出的过去
走失在神女峰的花丛中

一次秘密的亲近之旅
比夔门的暗礁还要沉默
百代无声的江流
争相越过瞿塘压抑的门槛

搴芙蓉于木末
流向君山去摘一枝杜若
用一叶山两面水

私种一丛流泪的斑竹

2004 年

天　池

难以考证的传奇
高深莫测的湖水
冰层下气若游丝的温泉
暗示劫后的重生
注定比松花江还要绵长

长白山枝繁叶茂的风
两国间难分你我的水
有冰无萍的椭圆形湖面
像老关东雪雨风霜的脸庞上
躺着一汪如泪的苍凉

2008 年 2 月 12 日

断 桥

已经过去的就让它轰然而止
绿水是昔日难以锈蚀的见证
应该继续的还在随波蔓延
心中的桥梁从未中断

随长白山逶迤而下
一脉成就两岸波澜
宽厚温良的鸭绿江上
不分国界的风和水
比那些分国籍的人和事
要简单和自由得多

2008 年 2 月

大　连

当夜幕随机翼从天而降时
大连农历七月半的灯火看上去
跟她由外语音译而来的名字一样
有着乌贼鱼的神秘和怪异

滨海之城　陆地最敏感多元的部位
变化无常的远东季风
翻动星海广场面色各异的旗帜
扶桑花开过了
金达莱美丽的情人
用国语唱着莫斯科郊外的晚上

从大嘴子的一盏渔火
老旅顺口醉眼微茫的古航灯
鸡冠山上被海雾埋葬的硝烟
再到今晚万忠墓傍冥钱燃烧的火光
传统的脸孔印证了现代的容颜

让一座城市在迷幻的霓虹灯下若隐若现

2008 年 2 月

第四辑

老去的故乡

LAOQUDEGUXIANG

看似越来越远，实如归程的列车踅然而近。在时序中慢慢老去，又在心绪中如还魂草般不断复活再生的故乡，那些山山水水，芸芸众生，始终如空山春雨后的池塘，葳蕤盎然，蛙声一片。

垂　钓

纵有弱水三千
我只选一瓢
以心为线为竿
带上寂寞一起去垂钓

被细雨叫醒的山岚
赤脚濯洗在水碧天青的波光中
孤单忙碌的蜻蜓
从心头搬走繁重的丘壑

将粼粼浪花一片片串在钩上
用唐诗比兴的斜阳
赋和随水放逐的莲花
填写满湖腥味浓郁的忧伤

明月且随清风去
守身独坐的宏愿
一条丰腴温润的青鱼

在双袖间湿漉漉地游来游去

心随水转

鱼忘记了水流

人和鱼的区别

与钓与被钓又有什么不同

2005 年

熊家屋

是未曾见过面的外公外婆的家
与我家隔着一座山　两道水
和几个因贫穷不常走动的米舅　嫡表
还有一段三岁时就定下的娃娃亲
四十五年后当我护送
五岁时就给人家打工放牛
先后在五个地方像寒雁一样
素雪飘零七十八载的大舅的灵柩
回到这座小山村时
满村是亲情离散的荒草落叶
和几座废弃的水井石磨
村庄里就剩下几个默守孤独的老人
几声苍白无力的犬吠

2012 年 12 月 28 日

清　明

年年清明　年年相似
相似的鲜花　相似的老酒
不同的是有时阳光
有时下着细密的小雨
像一场与生俱来的约定
我们兄弟一同回到故乡
去探望那些睡在山坡上的先人
山风吹拂着满坡繁茂的花草
山上幼小的树木
在一年一年地长高
山下金色的油菜花
扑打着蜜蜂彩色的翅膀
如潮水般向上涌动

2010 年 4 月

潮湿的青铜

有种坚硬而柔软的物质
常常使我潸然泪下
——题记

潮湿温润的南方大野
不受制约的物种如阳光一样繁茂
杨柳般温柔的江山与风水
永远高举着精神独立的铁枪

武士的躯干嵌着铜绿斑斑的脸庞
头插孔雀七彩的羽翎
一柄剑肩负一截悲壮的传奇
刺痛了萧萧易水

在金戈杀伐吴越的年代
达摩克利斯还躺在希腊朦胧的襁褓
用一束桃花　拭去一股硝烟
被勾践写出最古老的战争与爱情

鼎爵贵不过低下的锅盆
既是王者追逐的盟友
也是平民患难与共的至交
无上皇权　只是一件短暂易碎的陈列品

无数次朝觐过你
3000 年前洪炉降世的道场
我光荣的祖先竟是你的奶娘
美丽的铜草　还穿着当年出嫁的衣裳

虽然遭受多年风雨的侵蚀
仍不减当年的霸气与光芒
听　坚强的灵魂乘着秦王的战马
正金鼓齐鸣地向现代走来

改于 2012 年 12 月 20 日

表　弟

表弟　年近四十才娶妻生子
敦实如山的身材
张开满脸憨厚的笑容
身上总有股被碳火烤透的红薯味

虽读书不多　却学有所长
高级泥瓦匠　帮人造过很多房子
白天站在阳光的肩上
晚上蜷缩在孤单月亮的背后

快乐时是一支幽默的烟
苦闷时是一杯劣质的酒
偶尔也说几句粗野的笑话
后半夜常常躲在工棚的背后偷偷抹泪

让他放心不下的是留在
家中瘫痪在床的老母——还有
刚刚怀孕的妻子和那

无人打理的三亩二分稻田

2009 年

一个人的长征

秋收起凉的夜晚
四周一片黑色恐怖的国度
窗外孤灯挑着几星燎原的火种
腹如刀绞的疼痛
一场由病毒发动的围剿突然逼近
体内的革命与反革命正在激烈登场
高烧从一座山峰冲向另一座山峰
热血从湘江奔向了赤水
无数鲜活的细胞悲壮地倒下
悲观绝望堆满湘鄂赣绵延无尽的山头
无论陈腐的中医　还是水土不服的西医
都不足以挽救红色的肉体
除了自己无人能拯救自己
除了命运无法换回生命的新生
好在求生的本能　沼泽挣扎的信念
是一面挺立岷山雪顶的红旗
引领我度过漫长而痛苦的夜晚
直到 1936 年秋末的早晨

一轮红日从桥山升起　我才体会到

噢　这就是长征　一次断尾求生的传奇

2008 年 10 月

热带雨林

热闹非凡的南方雨林
有三种神秘动人的姿态
阳光　阵雨　森林
闪电拉开烟迷雾缈的大幕
飞鸟是季节请来的节目主持

阴阳两性的阳光
千死万死联袂而至
罂粟花举起了心旌摇荡的旗帜
只有佛国的暮鼓晨钟
才能读懂月光叨念的禅机

阵雨是阳光早泻的精神
长着云霞明灭的翅膀
在明果暗花的菩提树上
有佛祖悟透了的神秘叶纹

交媾的阳光与雨水

孕育森林茂密的浪漫和温存
形形色色的生命
乘着摇篮般的风在林间晃荡

玉树临风的林中丈夫
梦魂牵绕的藤中情人
一枚第四世纪的孢子
落在二十一世纪的藓苔上
像一场惊世骇俗的隔代恋情

2005 年

春天来了

故乡的冬天
越来越阴冷漫长
阳光被季节拐走
气温如指数一路低迷
纤瘦的桃花　兰子
冻死在南方廉价的市场
良心是知情不报的同案犯

像度过一场持久的危机
被人领回的阳光
露出穷人难得一见的笑脸
持续上扬的温度
引来苍蝇扑打窗户的嗡嗡声
我知道　春天来了
但与你无关

2012 年 2 月

乡村纪事

似乎又回到童年
精神寄居的田园
与年迈的父母　久违的兄弟
进行一次来去匆匆的对话

袁子陵　高龄 90
活过了两个世纪的老人
当了几十年的历史教师
浓眉如史书一样厚重沉郁
经常坐在阳光明媚的屋檐下
晒那件民国时期的老羊皮

养殖大户袁致强　48 岁　属兔
人称袁老板　身板粗壮结实
细小的眼睛眯成两尾游来游去的鱼
身上有股浓浓的猪鱼混合气味
他养着几千头猪　几十万尾鱼
是远近闻名的养殖大户

老花匠　袁诚生
衣着比枯枝还要破旧
前 30 年种田　后 30 年种树
三个儿女连同自己精心养育的花木
先后迁进了别人的城市
20 多亩山场只留下两个老人　三条土狗
以及一些多年都卖不动的树木

一个村　8 个组　497 户　2040 人
清一色姓氏
这是某个历经 24 代繁衍至今的村庄
村头一棵蓊郁了 600 年的老槐
见证荣辱与兴衰

2011 年 6 月

铜

殷商子午的阳光
敲打一块蓝绿相间的石头
金色汗水浇灌满湖日月
涌起漫过春秋五百年的铜

先人的一个趔趄
荆棘挡不住金属潜行的光芒
麋鹿向山顶逃去
弯弓射落一头活蹦乱跳的夕照

冷兵之父携火热之子
金戈长啸中原复国的梦想
驾长车直捣黄龙
全凭一腔大冶的炉火

叮当凿越铜绿盛放的巷道
荆风楚韵从竹篓走出
徘徊悠扬的编钟

醉了汉宫秋月

斧锛重新举起
先民的火淬现代之光
千年又一冶
再铸一方后世好铜

2004 年 1 稿
改于 2012 年

青龙山下的黄昏

阳光与乌云的裂缝之间
鸟翅垂挂着笼罩国家的短暂阴影
暧昧泛滥的城市
遭遇八月不期而至的一场风暴
卡特里娜* 不愿出嫁的新娘
带着婚车如暗流走上整洁的街头
遗落的鞋子　失足搁浅的许多贝壳
是海洋无意间献给陆地的祭品

在九月依然沉闷的黄昏
有消息说无人看守的青龙山公园
走失了一头三伏天的老虎
青草即将逃离山间的辉煌
天气就要凉了
幸好祖先还留下一盆炉火
在乡下老屋后

沿着倾圮的黄昏轻轻滑下

重金属的虫鸣是黑夜导航的灯火

空气中有些坚锐的物质还在悄声议论

湛月湖畔　几根柔软的柳枝

将一轮淬过火的新月

从水中轻轻掬起

2005 年 9 月于大冶 8.6 事件后

* 卡特里娜，2005 年淹没美国新奥尔良市的飓风。

金湖大道

金湖大道是一条连接城乡的快速通道
长年繁忙得像巢穴被人强拆后
不得不搬迁的无数蚂蚁
混乱时又像一支
狼奔豕突的中世纪叛军

年初八　我从城市向农村走去
一位早起挑粪的老菜农
倒在一辆红色奔驰跑车的轮下
两只臭粪桶毫发无损地躺在马路中央

再百步　一只漂亮的小花猫
也许是失恋　离弃　或沦落的风尘
琥珀色的眼睛死于一场比红灯还要诱人的艳遇
比那位老农死得似乎更有新闻价值
极富后现代爱情的悲剧色彩

又百步　一头想横穿马路

到路那边去找早餐的老黄牛
手足无措地搁浅在绝望的沙滩上
欲进不能　欲退不得
奔涌的车流丝毫也不避让

日落　从农村回到城市
金湖大道的粪水和血迹已干
初春的银杏还挂着
暮冬残留的几叶心事未了的哀悼
只是那头无人认养的老黄牛
已经不知去向　路边
一片荒草　荡然无存

2012 年 2 月

姐姐　黄荆树下

那年　村庄通向山外的垭口
忧郁是满坡蔓延的黄荆
枝头开着淡紫色的花
孤独的蝉鸣　诉说着对夏天的不满

纤瘦的秀发　挥动送别的枝条
八月荒唐的阳光
像书缝压出的狭窄的求学路
知了淌成弯弯曲曲　向外逃走的小溪

今夜　都市在浮华中无心安睡
当年的月光经常与现在的窗户对语
那株十九岁的黄荆
而今岁月河岸的芒草花
依然站立在山风中
向一只离乡的蝉　招手

2004 年

父　亲

父亲　今年七十有八
终生在乡下务农
一生从未与邻里嗑过嘴
夫妻吵过架　或跟村民翻过脸
更从来没有打骂过我们兄弟姊妹

少读私塾　虽聪慧但贪玩
常与同伴干些鸡鸣狗盗的小把戏
父母经常上门给乡人赔礼道歉
老塾师曾无可奈何地说
竖子能成乎

年稍长　祖母几次为其抱童养媳
因过于挑剔　张不成李不就
最后倒是多赔了几亩田地的嫁妆
多添了几门走了几十年的老亲
七姑六姨的　上下得像亲姊妹一样

运动时　因观点不明　路线不清
被人家挤出了村干部队伍
一生做个不读书不看报不生事的农民
另加不抽烟　不饮酒　不赌博
十里八乡都说　真是个少见的好人

多年后　当我在外面转了一圈
一无所成地回到老家时
我认识和认识我的人已经找不出几个
只有一个知根知底的老人说
你是树成的儿子　真像

2013 年 1 月 7 日

我和你

——审计十年感

十年前　一次美丽的邂逅　一个意外的相会
你度了我　我也依了你
从此　你就是我

十年中　精研你的要义　追问自觉的灵魂
头上的星空始终照亮心中的法则
有你　才没有迷失自我

十年后　身心归于宁静　寂寞守住了清贫
得益你润物无声的教诲
从此　我就是你

2010 年

如　柳

每天打你身边走过
生活的面孔　老不过岁月的容颜
不知多少年了
始终穿着那件　年年变色的单衣

平常往往被平庸忽视
家长里短的语言　像低眉顺眼的枝条
黯然飘落　满身似花非花的柳絮

人总是奢望整座花园
其实只能拥有属于自己的花朵
在满园春色　桃花流水的今天

春天　从冬夜的迷航中醒来
轻轻扣响　风中期待已久的门环
你又高高兴兴地换上了
依旧朴素如柳的新装

2012 年 2 月

寸 土

欲求寸土而不得
进城三十年始终浮在虚妄的时空上
如深夜徘徊在城市边缘的蛙声
常常在难以入睡的梦中
张开亲近故园的花朵

在寸草不生的年代
虽未能占有一寸土地
但拥有比自由还要辽阔的空间
飞鸟是精神高配的座驾
白云是任我呼来唤去的扈从
高高在上的太阳
刚好供我修建一座
安顿灵魂的会所

2012 年 3 月

放　生

子非鱼，安知鱼之乐？

——题记

一条机缘之鱼
一条多次被善男信女放生的鱼
最终宿命般登上餐桌
像一个替人偿债的殉道者
剥光鳞片的耶稣
割肉喂鹰的美味佛祖
勇敢走上了祭台
最后只留下几根洁白无瑕的刺
悲悯残存的枯骨
形同针砭时弊的银针
这是人的不幸
还是鱼的荣幸

2010 年 5 月

殒　生

人生一世
共分两部
上部为生
下部为死

生而短暂
如彗星划过天际
绝世的身影
让生命遐想一时

死而持久
如殒石长留人间
恒远的存在
被时光供奉千年

2009 年 12 月

钧瓷开花

在夏夜无眠时
常常想起一些白天无暇关注的东西
一些被浮躁或欲望遮蔽的东西
任时光的孤舟在紫砂中缓缓沉浮
让釉质温润的灵魂
在月白天青的瓷片中慢慢开裂
心如止水　淅淅滴落在月亮的背面
如一尊钧瓷独坐室内
在寂寞清亮的思索中
开着难以想象的花朵
明静　无声下着
一场六月薄薄的雪

2011 年 5 月 15 日

微笑的暴力

动人的言辞　闪烁着美丽的面孔
站在街边的灯箱广告
千娇百媚中充满无辜的诱惑
突如其来的一次袭击
破碎的玻璃如满地雨后梨花
谁是凶手
站在灯箱内的尤物
依然笑盈盈地面对
来来往往谴责疑问的目光
我知道她为什么微笑
联想今年 3 月 23 日
福建南平的一位神经病
连杀十二位小学生的惨剧
庆幸那无端的一击
未施暴在一个真人身上

2010 年 4 月 13 日

冥想的色子

像夜色总是如期降临一样
经常习惯性地掉入苦思冥想的洞穴
其实并没有什么特定的主题　或对象
只是用一个问题　去覆盖
另一个更大的问题
或是用一个有缺陷的程序
去为另一个程序加密　或解码
最终结果就像初证半个果位的禅师
难以厘清非想与想非的区别
或是一只再有思想的鸡
总也搞不清楚　蛋为什么是圆的
而不能是方的一样
直到大海卸下夜的甲胄
晨光牵来一群带有脐血的婴儿
沙滩上爬满了　全身被黑夜熬得通红的
无序乱窜的螃蟹
也像找了一千年

至今也无法逮住的希格斯玻色子

2012 年

保安街

跟随港中一群饥肠辘辘的小鱼
和几颗睡眼蒙眬的小星星
晃过毛家咀　趟过五里桥
一条铺着青石板的狭长古街
如同被岁月炸过火的老油条
垢迹斑斑地挂在凌晨昏黄的街灯下

上街头的猪儿行
就像婴儿公开贩卖的市场
中街头国营食堂的门口
排满了昨夜一宿未睡的月光
下街头的港边鱼市
摆着一张张空荡荡的船和网

四十年前　经常在早上鸡叫时分
陪母亲上街去出售自家母猪产的仔
换回油盐　学费和一台至今还能发出
吱吱声的红梅牌半导体收音机

是那些不拿工分的猪仔

喂养了我缺衣少食的童年

多年后当我回想起那段经历

一拨拨被卖出去的猪仔

就像因生活所迫

被人抱走的众多兄妹

三岁时就被人抱养的母亲

经常抱着卖出去又跑回家的猪仔　暗暗抹泪

2012 年 12 月 28 日

第五辑

走失的灵魂

ZOUSHIDELINGHUN

身处环境日益逼仄的时代，自觉的灵魂是草原上向水草丰茂的地方不断迁徙的牛羊。在人类伟大和永不停歇的精神追逐过程中，每个人都是一只迷途的羔羊，或是一只流浪的狗仔。记住苏格拉底用公鸡献祭的遗训：关爱自己的灵魂，度过有价值的人生。

残　红

冬春之交的雪
来得快消逝得也快
只在西厢颓废的暗角下
如花如露般残存星星点点
一些圣洁如梅的东西
怎么说变就变了呢
幽幽怨怨的
像黑夜的一匹白马
雪山顶上绝迹的火狐
或是尘世间一道浅浅的残红
抱着最后一丝冰凉
久久不愿离去

2008 年 2 月

一个人

当右手掐左手
左手不会疼痛的人
是个麻木的人

当右手掐左手
不顾左手疼痛的人
是个自私的人

当右手掐左手
两手一样疼痛的人
是个平常的人

当右手掐左手
右手比左手还要痛的人
是个悲悯的人

当右手贴左手
做到双手合十的人

是个完善的人

2009 年 2 月

东　湖

搭乘公交　多次从湖畔经过
413 路班车一早就开到了磨山
这不是我第一次来东湖游玩了

盛大的荷花　只剩下枯败的旗杆
郁悒的桂花私自撤离了绿色的战场
季节劳顿的躯干　盖满梧桐宽厚的落叶

周边的楼群　是世俗高涨的海洋
落魄的情绪随水位不断下降
行吟阁　一只乌龟露出了冬眠的脚趾

年老的磨山　只身坐在湖边垂钓
尖锐的刺钩挂着思想仿生的诱饵
落雁岛　那只鸟已很难找到当年落脚的地方

2012 年 12 月

卵

尾随落日
夜宿鸟巢旁边
宁静是思乡的翅膀
童年还坐在睡梦中飞翔
华灯穿上了过节的盛妆
月色朦胧的叫声里
我是一枚小小的
回归故里的
安详的
卵

2010 年 9 月于北京

煎　鱼

打鳞
破肚
掏鳃
殷红的血
像三月盛开的杜鹃
灶台已经备好
炉火开始袅袅上升
滚烫的油锅
精神献祭的道场
鼓鼓的
嫩嫩的
白白的
一尾在油锅上
文火慢煎的
鲜美焦黄的
不荤不素的
喜头鱼

2012 年 3 月

悲悯同眠

深夜突然被哭声惊醒
似男似女的哭声
时远时近　时断时续
从不同的海岸如暗潮涌起
像阵阵风雪吹进了破旧的柴门
不知道哭声为谁而哭
带着一种莫名的忧伤
由此联想到童年的辛酸　家国的苦难
以及充斥于现实的人间悲剧
虽有与悲悯同眠的心情
却流不出与哭同悲的眼泪
时钟被哭声拉长
无边黑暗在持久的哭声中退却
不知不觉中
天又亮了

2012 年 3 月

危　楼

我们都曾安眠在明静的星辰下
盖着月光轻柔的鹅绒被
梦中打着阳光一样金黄的小伞
从不担心美丽的流星雨
会打湿年少的额头　如今

我们居住在危楼里
倒挂在生铁和噪声编织的鸟巢中
像一枚高价入住的卵
悬着摇摇欲坠的梦　梦说

一些看上去虚无不定的东西
其实有着恒久真实的力量
一些看上去真实存在的东西
其实比虚无还要缥缈

2012 年 7 月 29 日

烦　恼

人如何思考

为什么要思考

可能连上帝也不知道

但人又必须要思考

除了要有能左能右的两手

能进能退的双足

还要有像灵魂一样

既会高唱又会低泣的两翼

飞举着血与火的图腾

闪耀出黑白分明的嘴脸

否则　那还叫人吗

呵呵　上帝又笑了

人类的思考

恰恰也是上帝

年少的烦恼

2012 年

绝　唱

凌晨　光阴的脸孔　黑白无常
钱庄开始了新的交割　发往
那边最后也是最早的一趟班车
急促穿过红绿灯一齐熄灭的十字路口
哀乐是盛开的黑色玫瑰　冥钱
死亡披着的褴褛外衣
而新生婴儿的初次啼哭
让回光返照的星辰
匆匆坠落

无数的虫子
在坍塌轮回的洞穴
爬进爬出　密密麻麻的脚印
生命被蚕食的巨大声响
可以装订成一部厚厚的
时间秘史

像远赴异国一场

无人相邀的意外聚会

紧抓明月的衣衫

星星秀骨嶙峋的手指

斜躺在阴阳两界

不断往返颠簸的飞舟上

一边是无生曲

一边是不死歌

每人都是风格迥然的绝唱

只是版本不同

2012 年 10 月 11 日

心　锁

出门　小心翼翼地把门锁好
走出几步后还不放心地回头望望
深怕自己孤独的财富或不可告人的隐私
像蚂蚁一样走失在无密可保的闹市

进门　慎重其事地把门反锁上
临了还要关严向外透视的猫眼
真担心那些好心好意的月光
像盗贼一样打扰长年失守的梦乡

熄灯　上床　打开昨晚的故事
一把冰冷无形的枷锁
拖着禁锢深宫的镣铐
横躺在内心通往自然的门槛上
一身锈蚀沉重的铁衣

2012 年 12 月 21 日

城市与篱笆

迷失方向的十字路口
失常者一次激昂的精彩演讲
煽动花木涌上街头
举行一场要求像红灯一样
享有话语权和决策权的动乱

台上睡眼惺忪的大人
强占道德和权力的坑位
一通慢性便秘般的动员报告
让台下疲软无力的听众
提不起丝毫的兴趣和欲望

屋檐下落魄的诗人
在用宣纸做的处方笺上
配几味苦涩的汉字
像一条误入闹市的野狗
医着被城市冷眼加害的伤口

一位远离城市的老农

牵着比母牛还要宽厚的心

望着路边几个调皮捣蛋的小孩

和篱笆外烟迷雾嶂的一幕

摇摇头　笑了

2007 年 1 月 22 日

将军的怀念

——为伍修权诞辰百年而作

惭愧 将军
过去只知道您的英名
而不知道您还是我的同乡
在被和平彻底击败的今天
深深折服您辉煌的历程
以及如青铜般闪亮的人生

东方的普罗米修斯 沐浴十月
最彤红无私的光芒 伏尔加河的号角
与东湖涌动的涛声在一个青年心中
第一次鼓乐齐鸣

理想在寻找战斗的铠甲
幼鹰扇动了赤焰的翅膀
在恐怖如山峦绵延无尽的南国
汀洲 连城的红旗从未倒过

金沙江冷　草地心寒
历史的航船往往命悬一线
遵义古城微弱的灯光
见证一条路线和一位舵手的诞生

国联的文争与朝鲜的武斗同时展开
中南海钦定的将军
用汉语最古老的长矛
指着山姆大人歪斜的鼻梁
发出巨龙的第一声怒吼
从此站起来的宣言
首次击败了不可一世的帝国

在财富远比物资虚肿的今天
精神的坚强比任何稀有金属都要贵重
重温将军当年略带汉腔的发言
既让敌人感到震撼
更让我们再次得到警醒

2006 年

白皮书

在共同的阳光下
中国的绝大多数绿叶健康而快乐
只有少数因病虫的光顾
无法足额享受它应该享受的时光
一些大鸟在树上飞来飞去
大部分是成果的小偷
少数是害虫的天敌
还有一只断喙的啄木鸟
像一位伪善的新闻发言人
在一段白树皮上写道
从 2003 至 2008 年有 24 万片绿叶
和数目不详的大鸟
因腐败而坠落

2009 年 1 月

街 雨

新闻说 中夏的一场豪雨
经过冬天的潜伏 春天的啸聚
披着风的大氅 雷电张扬的双眼
如狂蜂般轰炸了昨夜躁动难眠的开罗

满地残枝是季节轮替的代价
来历不明的传言就像图坦卡蒙的诅咒
一个劲儿向上挺进的枝条
一支又一支新生力量在街头崛起

被完全揭去了面纱的帮派组织
暴雨提前催开的花朵
沿街挥舞穆斯林激进的新月旗帜
芬芳着诉求各异的颜色和呐喊

就像与无数历史事件擦肩而过
我并不遗憾错过了昨夜涤洗自新的机会
在多风多雨的世界

下一场暴风雨正悄悄向街心走来

2012 年 5 月 8 日

废　墟

残垣断壁　鸡犬哭诉无声
挖掘机是被利益暗中驱动的杀手
芙蓉苍白　桑椹满地殷红
青嫩的葡萄　被践踏出酸酸的绿汁
九十年迷茫无助的双眼
还在寻找一头被人牵走的
老黄牛

一切不复存在
你的存在也不能成为
影响别人发展的理由
半爿石磨般残破的月光
浸透一个三百年村落　临终的寒意
几只无家可归的猫
背着灯光彻夜不眠的蛙鼓
一张被遗弃的圣人画像
在劫后余生的废墟上

相依为命 相互取暖

2012 年 5 月 13 日

再造辉煌

——审计之歌

宰夫之手
拈一撮山顶洞的泥土
用燕赵雄风
铸造无与伦比的盛唐

太史之笔
拣一册秦书汉简
以春秋笔法
刻写青铜一样的光芒

站立如鼎
人情世故的烈焰
一次次煮沸
坚挺的悲欢愁肠

行走如枪
锋芒所指

一切魑魅魍魉
遇光而无处遁藏

你是民众的眼睛
以一个殉道者的气概
独行数字复杂多维的空间
敢把民生疾苦捂在胸膛

你是经济的卫士
仗一柄正气之剑
独立法治的十字路口
勇于净化市场经济的海洋

审者无惧
计者无私
唯其如此
方能再造新的辉煌

2003 年

上野的樱花

上野*的樱花开了　一片绯红色的轻云
轻得比一段友谊还要虚幻
这是四十年前的事

四十年后　上野租借的大熊猫生了
生在一个环境不很适合的地方
这是它不能自主的事

六天后　新生的小熊猫又夭折了
据说是死于诱因不明的肺炎
这是件有人遗憾　有人……的事

其实　这些都算不上大不了的事
物道有生死　花道有轮回
只有国运兴衰　才是大家真要关注的事

2012年7月，写于中日邦交40周年

*上野，日本东京的公园名称，赏樱花的有名之处。

乘　凉

“月儿圆　星儿亮
村头的禾场平荡荡……”
山村一头饥饿的牛犊
依偎在劳累了一天的母亲怀中
吮着用汗水和青稻花勾兑的奶水
听曾经到过山外的奶奶讲故事
奶奶揉着裹过的小脚说
山外是山
水外还是水
长大后千万别出去乱闯啊

2008 年

不　动

梦在床上　一摊青春和饥饿
叠加的痕迹　时光在行动
十八年游动的希望
那张想走的床
床上无衣遮盖的魂
想暗暗挪动

南方多佳人　妄动之美
如佳木葱茏　花开愧对花落
满地铺陈金黄宁静的叹息
一棵心动的树
面对茑萝摇动的芳香
最终未动

贴地低身潜行　心际的两极
不断空转穿梭
日出跟不上月落的脚步
神秘乖动的独舞

两颗共拥苍凉的星星
好像在互动

风吹幡动　心难动
三世因果淡对六道轮回
青蓝色的火焰
伸出怒目而视的虎牙
玉软花柔的神
巍然不动

筑台云梦　夜夜写闲情
孤与独　暗语无声的对话
词汇的山泉汩汩涌动
流水寂寞的诗行
被一个古老的符号
彻底感动

2013 年 3 月 20 日

iphoneX

人类紧跟身后的宠物
一只戴金项圈　血统高贵的洋狗
一条绿眼纹身的狸花猫
有种东方典型的叛逆
或是一头听话的皮特兰猪仔
穿着欧式滑稽漂亮的黑花夹克
时不时地轻轻叫一声
不知道又有什么事要来了

一场多版本的慕尼黑阴谋
一份神秘档案　用 UFO 的语言
一次蓄谋已久的巴格达斩首行动
上面伪装着蘑菇云一样漂亮的图饰
长着樱桃小口的妖精
稍不留神　你我都是在线的牺牲品

有时也就是个无聊的玩具
超人　蜘蛛侠和齐天大圣

为争夺一只金刚葫芦娃而大打出手

玩久了　玩腻了　随便扔掉

删除所有的程序和信息

丢进童年的回收站

任其在被人遗忘的外层空间

堆满时光扭曲的灰尘

2012 年 10 月 25 日

走失的灵魂

始终像一个顽劣的孩童
常常莽撞地干出一些
怪诞不经的蠢事
反思中时常被灵魂的另一只手逮住
像老师又像父母一样喋喋不休地
给我划出一条条为人处世的底线
给我谈论一些比道德还要严肃的话题
给我讲一些就连他自己
也未必全信的大道理
才使我　也让他自己
至今还未过深地误入歧途

2010 年 6 月 23 日

早　安

早晨真好
清爽而轻松
阳光驮来鸟语
露珠唤醒花的芳香

昨夜一盏暗红的灯
像半盏醉眼朦胧的秋月
摇摇晃晃地走在
没有轨迹的大街上

昨夜的路背叛了昨夜的人
昨夜的床出卖了昨夜的魂
昨夜一时玩丢了住址的我
拖着灵魂在大街上流浪

早晨真好　霞光再次呈现
春风又回到身边
挂在窗前生动的明眸

有一双翅膀在飞翔

2010 年 4 月 11 日

墨　竹

闲窗独立
披一袭青衣
韵脚浅浅的阳光
翻过六朝古旧的宫墙
拓满一地温婉金黄的诗句

清风无上洗轻尘
缥缈孤鸿影
落地不如鸡
甚至比不过邻人窗台上
一只觅食的家雀

窗前竹默
暗带柔软的绿色牙齿
优雅神秘地一笑
无枝可栖的诗人
无处兑现的风节

2004 年

冷　影

突然发现自己越来越冷漠了
没有任何物件能激活也曾沸腾过的热血
从中东战火南海风云东京地震温州动车相撞
再到身边饲养了多年
几只花枝招展的漂亮金鱼
一只禅定已久的长毛老龟
都不再能撩起一丝一毫的兴趣
成天像红灯机械地追赶绿灯一样
迷茫地行走在目中无人的闹市里
拖着蛇一样冰凉无声的尾巴
任川流不息的汽车
将身后麻木而长长的影子
无情地辗来辗去

2012 年

九星瓢虫（代后记）

伟大抑或卑微的生物，都有一个持续向上攀升、力图自由地飞舞于自己理想天空的过程，譬如一只豆大一点的瓢虫。天生外形笨拙、色彩斑斓、内心浩茫的瓢虫，春天从最低下的泥土出发，沿着阳光指引的方向，抵御着天敌一次又一次的劫杀，从根茎、绿叶直至乔木峰顶，最后乘风飞去，升华为渺小而不失伟大的遁行者，生命至高无上的意义淋漓尽致地体现于惊人的飞跃之中。

我跟一只瓢虫一样来自山村乡野，含着草根，吮着清泉，闻着野花的芳香，自小开始了艰难向上爬升的过程。十四岁就开始离开父母远离山村外出求学，经过了无数悲苦难言的考试和竞争，最后在村人的羡慕中跳出了农门，并被一阵风无端地吹落在一个狭小的县城，一个城市和乡村始终无法缝合的，既具精神象征又有地理意义的地方，寄居了二十八年。

身披生活沉重的甲壳，身着奇异的九星外衣，背着灵魂的“碎布袋”，在生活的低纬地带，在诗歌意象的荒原，心无旁骛地慢慢爬行。源自生活，感恩生活，又不满足现状，在物质的生存体验之外，常常有一种自觉又不自觉超体验的精神向往，构成了个人多年来生活的常态和心灵的皈依，乃至成为一种条件反射式的习惯和本能。自小对文字有一种亲近和兴趣，这可能是我被误导的文学之梦的肇始之处。记得小时候经常在家中翻箱倒柜地搜寻所有与文字有关的东西，曾读过书的祖父留给我几件也可称之为精神遗产的东西：一本同族邑人、明代后七子之一的吴国伦先生所著的《重订才子杂字》，一支写不出字的老式钢笔，一套不明骨质的印章和几幅装裱得古色古香的对联。它们经常被我拿在手中把玩。虽不大懂，但总觉得它们有些说不出的意义蕴藏其间，既亲切如兄弟又神秘如情人，领悟不透，爱不释手。这可能就是我最早的文学启蒙吧。

上小学初中时，课本中零星几首古典诗词就像沙漠中的绿草，对一个精神贫瘠、求知若渴的少年是那么弥足珍贵。那生动的节律、诱人的韵味、深邃的哲理，就像朦胧的初恋一样楚楚动人。当时，村中有位从上海迁回农村的叔爹，是个虔诚的基督徒，基本上不务农活，不管家人，更不与人沟通，成天在家中读经唱诗。只有年少的我抱着好奇心偶尔走进他一人独居的简陋瓦房中，成为他唯一的授众和信徒。那些被翻译成汉字的新旧约对一个小孩子来说是难以听懂的，在稻香和荷香的袅袅中，我只是对《圣经》中慈祥的圣母像和带有一种人性光辉及神性光芒的圣诗有一种亲近感，萌动感。从此，在窗明几净的心田里，住上了一颗温情缱绻的诗心。这就是我与古典诗词和现代诗歌的最初接触吧。

参加工作后，在枯燥无味的文秘工作之余也读过一些诗歌。由于粗粝的生活，无聊的应酬，不良的兴趣，也许还有文学天赋和诗意情怀的不足，使文学与诗歌之梦一直处于个人生活的潜流之中，几近被遮掩、阻断和枯竭。幸好有族弟田禾（吴灯旺，第四届鲁迅文学奖诗歌奖获得者），一直坚强地跋涉在诗歌的逆旅，在诗意与幸福的苦难历程中成就了一个乡村现代行吟者的精彩传奇。他带着血与泪，对生他养他的故乡的深情呼喊，一次次打动我麻木板结的心灵，一次次感受到诗歌抒情的审美力量。我有幸见证了他生命与诗歌双重艰苦卓绝的经历，并为之感动而钦佩。他的故事一直成为指引我诗途的明灯，点燃诗意的火炬，催生诗情的动力。

铢铢而积之，寸寸而累之。多年的粗浅探索，长年的点滴实践，形成了本集中那些分行排列，无句无逗，无意无象，无平无仄，严格意义上讲并不能称为诗的东西。1901年，首届诺贝尔文学奖获得者，法国杰出诗人苏利一普吕多姆曾说：诗是翻腾于内心的浩叹。我的诗肯定称不上是浩叹，仅仅只能算是一些思想上的个体感悟，精神上的自我抚慰，几声轻言细语、不痛不痒的叹息而已。

生命的深刻无限，诗歌的深沉久远，是绝大多数诗人终其一生也无法抵达的彼岸。我只想，也只能做一个从此岸的出发者、追逐者、探求者，一个生活的自疗者，灵魂的自慰者，精神的自觉者。一只瓢虫从幼虫变成强壮的成虫，是个令人难以想象的惊心动魄的过程，要历经5—6次的蜕变和磨难。在蜕变的过程中幼虫的身体将被分解后重新组合、调整，再加修饰装扮，并在阳光和氧气的帮助下成长为璀璨而美丽的生命。就像诗人从一个意象，一个符号，一个母题，一个词汇，到最终成就一首诗的经历一样，奇妙而艰辛，痛苦而幸福。瓢虫如此，诗歌亦然。

不为名而歌，不为利而鸣，常怀悲悯之心，常思人生之过，常念苍生之苦，是每个有良知的诗人应有的生活情怀和诗学取向。这是文学成为社会良知的最根本前提，是诗歌成为社会最敏锐触角，最能感动人性情怀的根本所在。没有这些带有普世价值的东西，文学与诗歌还有什么存续下去的必要?

虽身居城市，但一直不被或不让城市所接纳，经常在半夜梦醒时分亲切地感觉到故乡的鸟鸣，花朵的芬芳，以及与灵魂一同流浪的蛙声。习惯性地像美国伟大诗人华莱士·史蒂文斯一样用“观察乌鸫的十三方式”，观察着身边形形色色的大千世界，并用暗中带冷的色调，孤寂落寞的情怀，在浅显的层次表达我思我想。有时甚至像一只误入蛛网、在无助中作一些痛苦无用的思想挣扎的瓢虫。不求成败，只求表达——这是歌者唯一的诉求——也就释然了。

在当今技术与物质双双澎湃的时代，艺术与精神如春山新雨后洁净的空气一样越来越珍贵稀少，诗歌退居社会的边缘和人性隐藏的秘室，也就不值得大惊小怪了。这是一种历史发展的必然，也可能是人类文明一再重复证明的悖论。纵观人类文化史上最伟大的精神遗存，它们往往疏离当下社会，隐匿在历史寂寞的角落，远离甚器尘上的环境，独抱苍凉的星空，才能够孑然特立，传之久远。

瓢虫，英文名 ladybirds，其中“lady”一般暗指在天主教中的圣母玛利亚。它在中国文化中叫“红娘”、“花大姐”，小孩叫“金龟子”、“胖小子”；而在日本文化中叫“天道虫”。瓢虫种类繁多，超过 5000 多种，有二星、四星、六星乃至二十八星之别。只有十一星和二十八星瓢虫是害虫，其它都是益虫。瓢虫的形象与划分就像不同的人在社会的角色不同一样，有的有益于社会，有的无益于人群，还有的危害于苍生。九星瓢虫，是所有益虫中最出色，最炫丽，最为人所钦羡者，就像有史以来行为怪异、我行我素的诗人一样。

诗人是社会的行吟者，历史的守望者，现实的宣泄者，理想的抒发者，精神的抚慰者，未来的歌唱者。就像著名的数量稀少的九星瓢虫一样，低附于草木之间，行走在绿叶的边沿，整天忙碌地捕食柿蚜、麦蚜、桃蚜等害虫，成为各种农作物健康成长和美化自然环境的默默无闻的保护者。

九星瓢虫，曾被生物学家一度宣布灭绝了，被其它类型的瓢虫所代替。为此国际生物学界曾发起了“寻找失踪的瓢虫”活动。经过 29 年的艰辛找寻，直到 2011 年终于在美国一个无人注目的荒野，在一棵寂寞自主的向日葵丛中找到了失踪多年的九星瓢虫。这个故事恰好成为当代诗歌与诗人命运的神秘隐喻。瓢虫不死，诗歌不亡，诗心不绝。守着为我独有的息壤，守着苍茫浩缈的星辰，守着寂寞干净的情怀，在被生活忘却的边缘，依然故我地唱着孤独的歌。这只天遁之虫，就像夏尔·皮埃尔·波德莱尔那首天才的诗《恶之花》中描述的那样：“雾一般的快乐向天边逃去，亦如翅膀后面空气的精灵……”

吴蒙

2012 年 7 月 8 日于铜都大冶

新出图证（鄂）字 03 号
图书在版编目（CIP）数据
遥远的青铜 / 吴蒙 著
武汉：长江文艺出版社，2013.10

ISBN 978—7—5354—6643—3

Ⅰ.遥… Ⅱ. 吴… Ⅲ.诗集—中国—当代 Ⅳ. I227

中国版本图书馆 CIP 数据核字（2013）第 086933 号

责任编辑：沉 河　　责任校对：陈 琪
封面设计：江 风　　责任印制：左 怡 包秀洋

出版：长江出版传媒 长江文艺出版社
地址：武汉市雄楚大街 268 号　　邮编：430070
发行：长江文艺出版社
电话：027—87679360
http://www.cjlap.com
印刷：武汉市福成启铭彩色包装印刷有限公司

开本：640 毫米×970 毫米 1/16　　印张：14 插页：1 页
版次：2013 年 10 月第 1 版　　2013 年 10 月第 1 次印刷
行数：3402 行

定价：36.00 元